Schirner Verlag

Die Autorin

Sonja Heider, Jahrgang 1957, beschäftigt sich seit 1984 mit ganzheitlichen Heilmethoden in verschiedenen Bereichen. Unter anderem ist sie ausgebildet in Edelsteintherapie, Reflexzonentherapie und als Reiki-Lehrerin/-Meisterin. Seit 1997 ist sie Leiterin des Instituts Heider GbR und gibt dort ihre Kenntnisse und Erfahrungen in Seminaren weiter.

Das Buch

Dieses Buch ist in erster Linie um Nachschlagewerk, in dem Sie gezielt nach den Einsatzmöglichkeiten bestimmter Steine suchen können. Die Steine werden mit farbiger Abbildung, zugeordnetem Chakra, Reinigungsmöglichkeiten, Wirkungsweise auf Körper und Seele sowie etwaigen Besonderheiten vorgestellt. Weiterhin bietet das Buch einen Index der Symptome bzw. Krankheitsbilder, denen Steine zugeordnet werden, mit denen sich die Heilung unterstützen läßt. Ebenso finden Sie darin einen Analysebogen, anhand dessen Sie Ihren persönlichen Heilstein finden können.

Sonja Heider

HANDBUCH DER HEILSTEINE

Beschreibung, Anwendung und Reinigung von 150 Heilsteinen

Schirner Verlag

ISBN 3-89767-091-7

Erste Auflage

Umschlag & Fotografien: Murat Karaçay
Satz & Redaktion: Kirsten Glück
Wissenschaftliche Recherche: Gerd Heider
Fachliche Beratung des Verlags: Ulla Rosenberger/Mineralien-Paradies, Darmstadt

Inhaltsverzeichnis

Inhaltsverzeichnis

Inhaltsverzeichnis

Die in diesem Buch vorgestellten Informationen sind nach bestem Wissen und Gewissen geprüft, dennoch übernehmen die Autorin und der Verlag keinerlei Haftung für Schäden irgendwelcher Art, die sich direkt oder indirekt aus dem Gebrauch der hier vorgestellten Anwendungen ergeben. Bitte suchen Sie bei ernsthaften Beschwerden professionelle Hilfe bei einem Arzt oder Heilpraktiker.

Vorwort

Anmerkungen zu diesem Buch

Liebe Leserin, lieber Leser,

ich freue mich, daß Sie sich für dieses Buches entschieden haben, denn dies ist ein Zeichen dafür, daß auch Sie sich bewußt sind, welche bemerkenswerten Heilkräfte in den Steinen liegen. Bevor Sie sich nun in diese Aufzeichnungen über die gesammelten Anwendungen der Heilsteine vertiefen, möchte ich noch einige Anmerkungen machen.

Nach meiner Ausbildung in Edelsteintherapie begann ich sofort, mit meinen neuen Kenntnissen zu experimentieren und diese in die Praxis umzusetzen. Durch die Beschäftigung mit alternativen Heilweisen bin ich gewohnt, ganzheitlich zu denken und zu arbeiten, und möchte diese Linie natürlich auch bei der Edelsteinheilkunde fortführen. Beim Studium meiner Bücher stellte ich jedoch fest, daß es oft sehr lange dauerte, bis ich mich durch die Wirkungsbeschreibungen durchgearbeitet hatte und letztendlich meist doch mehrere Steine zur Auswahl standen. Dieses Verfahren fand ich auf Dauer nicht sehr effizient.

Angeregt durch die tägliche Arbeit und die gewonnene Erfahrung beim Einsatz der Heilsteine begann ich, meine eigenen Erfahrungen mit der Wirkung meiner Therapie zu notieren. Das Ergebnis meiner Arbeit liegt Ihnen hiermit vor. Meinem Ansatz gemäß ist dies kein Buch zum „Schmökern", sondern ein reines Nachschlagewerk, das es jedem ermöglicht, schnell und sicher den „richtigen" Stein zu finden.

Sicher haben auch Sie schon eines oder mehrere Bücher über Edel- und Schmucksteine und deren Heilkräfte gekauft oder gelesen. Ich hoffe, daß Sie nicht nur dadurch, sondern auch durch den praktischen Einsatz der Steine positive Veränderungen erleben konnten. Leider ist es inzwischen sehr oft der Fall, daß aufgrund von solcher Literatur irrationale Hoffnungen auf Heilung oder gar Wunder entstehen. Wie bei so vielen Dingen, ist es auch im Umgang mit Heilsteinen besser, „mit den Füßen auf dem Boden zu bleiben". Steine „heilen" nicht auf wundersame Weise unsere Beschwerden, sie können uns jedoch durch ihre Schwingungen dabei helfen, unser Energiefeld aufzuladen und Blockaden zu lösen.

Auf keinen Fall darf man die Steine als „Allheilmittel", als alleine heil(ung)bringend, einsetzen, denn Krankheiten und deren Behandlung gehören nach wie vor in die Hände eines guten Arztes oder Heilpraktikers. Gegen den ergänzenden Einsatz von Heilsteinen zur Unterstützung einer Behandlung ist dagegen nichts einzuwenden.

Zur Benutzung dieses Buches

Dieses Buch ist, wie bereits zuvor dargelegt, auf ganzheitlicher Basis zu verstehen, das heißt unter Einbeziehung von mehreren verschiedenen Symptomen. Diese finden Sie in alphabetischer Reihenfolge im „Index der Symptome", in dem alle Heilsteine aufgelistet sind, die, soweit mir bekannt, auf dieses Symptom wirken und von mir getestet wurden.

Im Index sind zahlreiche Begriffe an unterschiedlichen Stellen mehrfach aufgeführt, um das Auffinden zu erleichtern. Als Beispiel nenne ich „Alopezie", dt. „Haarausfall". Sie finden jeweils unter dem Buchstaben A – wie Alopezie – und beim Buchstaben H – wie Haarausfall – entsprechende, gleichlautende Vermerke. So können sich auch Leser, die nicht alle medizinischen Fachwörtern kennen, einfach zurechtfinden. Umgekehrt gilt das Gleiche: Wenn Sie eine Diagnose von einem Arzt oder Heilpraktiker erhalten, benötigen Sie kein medizinisches Fachbuch zur Übersetzung der Diagnose, sondern können direkt unter dem entsprechenden Fachausdruck nachschlagen.

Wenn Sie dieses Buch lesen und sich die Beschreibung der Heilwirkungen der einzelnen Steine genau ansehen, werden Sie feststellen, daß sich die Wirkungsbereiche der verschiedenen Steine sehr unterscheiden. Manche Steine haben ein sehr breites Wirkungsspektrum, andere wiederum sind richtige „Spezialisten", mit deren Hilfe man gezielt einzelne Beschwerdebilder – sowohl körperlicher als auch seelischer Art – auflösen kann. Setzt man sich mit den einzelnen Steinen und ihrem Wirkungsbereich intensiv auseinander, bekommt man ein „Gefühl" für die verschiedenen Steine mit ihren besonderen Eigenschaften und Schwingungen. Das Vertrauen in dieses Gefühl erleichtert Ihre Kaufentscheidung für diese Steine beträchtlich.

Noch ein persönlicher Rat zum Erwerb von Heilsteinen: Kaufen Sie in einem Fachgeschäft, nur dort ist gewährleistet, daß Sie gute Qualität erhalten. Von Käufen bei „fliegenden Händlern" oder auf Jahrmärkten ist eher abzuraten: Bei Testkäufen stellte sich heraus, daß viele Verkäufer aufgrund mangelnder Fachkenntnis Steine falsch benennen. Sie laufen in einem solchen Fall also Gefahr, nicht den Stein zu bekommen, nach dem Sie suchen.

Vorwort

Es ist tatsächlich so, daß sich viele Steine auf den ersten Blick sehr ähnlich sehen, und nur aufgrund einer Abbildung in einem Buch ist die Identifizierung meist unmöglich (das gilt auch für die Abbildungen in diesem Buch). Zudem sind viele Vorkommen bestimmter Steinarten nahezu erschöpft – und das macht sich beim Preis bemerkbar. Genau wie bei Markenartikeln des täglichen Bedarfs gibt es auch bei den Heilsteinen sehr viele Nachahmungen: Steine werden gebrannt, gefärbt und schlimmstenfalls sogar ganz synthetisch hergestellt. Es liegt auf der Hand, daß solche Steine die ihnen zugeordnete Heilwirkung nicht haben können.

Da wir aber von unseren Heilsteinen Hilfe erwarten, ist es immer am besten, Sie kaufen sich Steine dort, wo Sie sicher sein können, daß Sie korrekte Ware erhalten. Zweifelsohne sind Steine dort oft etwas teurer als auf einem Jahrmarkt. Wenn Sie aber bedenken, daß es letztlich um Ihre Gesundheit geht, ist diese Investition immer gerechtfertigt.

Geschichte/n rund um die Heilsteine

Die ersten konkreten Hinweise auf eine Heilstein-Behandlung bei Kranken finden sich in der chinesischen Kultur. So hat bereits vor 5000 Jahren der „rote Kaiser", Shen Nung, sehr viele Aufzeichnungen über die Heilkraft der Steine hinterlassen. Auch von Aristoteles, der 384–322 vor Christus gelebt hat, sind Aufzeichnungen über die damals angewandten Methoden der Edelsteinbehandlung überliefert. In der heutzutage recht bekannten sehr alten indischen Ayurveda-Philosophie werden bei Krankheiten ebenfalls Steine zur Harmonisierung des Körpers und der Seele empfohlen, hier aber meist in pulverisierter Form.

Auch in der Bibel findet man Hinweise auf die Kraft der Steine. So heißt es in der Vision vom „himmlischen Jerusalem" in der Johannes-Offenbarung: „Da entrückte er mich in der Verzückung auf einen großen Berg und zeigte mir die heilige Stadt Jerusalem, wie sie von Gott her aus dem Himmel herabkam, erfüllt von der Herrlichkeit Gottes. Sie glänzte wie ein kostbarer Edelstein, wie ein kristallfarbener Jaspis ... Die Grundsteine der Stadtmauer sind mit edlen Steinen aller Art geschmückt." Die zwölf in dieser Offenbarung aufgeführten Edelsteine blieben bis zum Mittelalter die bedeutendsten Symbol-, Schutz- und Heilsteine. Alle zwölf befinden sich z.B. in der Wiener Reichskrone, wo sie für die Aussage stehen: „Der Herrscher ist der Stellvertreter Christi auf Erden".

Obwohl die Kirche in ihrer einstigen Monopolstellung und zumindest nach außen hin viele Dinge ablehnte, wurden Edelsteine auch dort oft eingesetzt. Dies geschah zum Teil zur Behandlung von Krankheiten, denn früher waren Priester oft auch „Heiler", und zum Teil als Schmuck an Gewändern der Priester. Eine völlig neue Art der Heilsteinkunde entwickelte im 12. Jahrhundert die Äbtissin Hildegard von Bingen. In ihrem Werk „Physica" empfahl sie neben dem Auflegen der Edelsteine deren innere Anwendung. Dazu gehörte z.B. auch das Lutschen von Edelsteinen ebenso wie das Trinken von aufgelösten Mineralien sowie die Einnahme von Edelsteinwässern.

Seit dem 16. Jh. läßt sich nachweisen, daß Steine in der Heilkunde eine wichtige Rolle spielten. So fand man zu dieser Zeit z.B. heraus, daß sich Nasenbluten durch das Auflegen eines Hämatits stillen läßt. Besonders hervorgetan in diesem Bereich hat sich auch Philip Aureolus Bombast (1493 bis 1541), der heute unter dem Namen „Paracelsus" wesentlich bekannter sein dürfte. In seinem Werk „Über die Mineralien" beschrieb er neben ihrer Anwendung auch die Struktur der Heilsteine. Ebenso wie Hildegard von Bingen arbeitete Paracelsus auf unterschiedliche Weise mit den Heilsteinen. So unterschied er zwischen „Substanzen, die bei der Anwendung Krankheitssymptome beseitigen, und feinstofflichen Kräften, die gleichzeitig die Ursache des Gebrechens bekämpfen".

Unbestritten - selbst von der klassischen Schulmedizin - ist, daß der Körper Mineralien und Spurenelemente (im wahrsten Sinne „Spuren von Gesteinen") lebensnotwendig braucht. Auch in den Gewässern von Kurorten wirken mineralische Stoffe in Bädern hilfreich gegen Erkrankungen, und jeder von uns trinkt heute „Mineralwasser".

Auch wenn die Wirkung der Heilsteine von der Naturwissenschaft meist abgestritten wird, werden dennoch Untersuchungen angestellt, die sich auf die Wechselwirkung zwischen Mineralien und deren Umgebung beziehen. Es ist inzwischen nachgewiesen, daß z.B. das Licht aber auch die Wärme und die Feuchtigkeit unserer Haut die Molekularstruktur von Mineralien verändern. Das legt auch die Vermutung nahe (die aber „wissenschaftlich" noch nicht bestätigt ist), daß diese Veränderung auch im umgekehrten Fall stattfindet.

Die ganzheitliche Wirkung der Heilsteine

Die Heilsteinlehre ist eine ganzheitliche Therapieform. Sie hat Auswirkungen auf Körper, Seele und Geist, bezieht sich also auf alle Aspekte eines Wesens. Die positive Wirkung der Heilsteine ist auf ihre feinstoffliche Energieschwingung zurückzuführen, die durch das dichte, streng geordnete Kristallgitternetz (die sogenannten „Kristallsysteme", vgl. entspr. Kapitel) bewirkt wird. Um ihre umfassende Wirkung zu beschreiben, betrachten wir uns den sogenannten „energetischen Ansatz".

So wie wir in der ganzheitlichen Medizin Körper, Seele und Geist als Einheit verstehen, findet sich diese Weltsicht schon in ganz alten Kulturen noch weiter ausgedehnt: Gemäß dem Grundsatz „Mikrokosmos gleich Makrokosmos" sah man dort den Zusammenhang zwischen der Erde und allen auf ihr befindlichen Lebewesen. Das bedeutet, daß wir nicht nur im kleinen Rahmen, also von Mensch zu Mensch oder von Baum zu Baum oder Wal zu Wal, miteinander verbunden sind, sondern daß alles, was auf der Welt geschieht, sich gegenseitig beeinflußt.

Nehmen wir hierzu als Beispiel die Ameisen. Weltweit gibt es nur ca. 500 Ameisenforscher, wovon sich einige zusammengeschlossen und einen kompletten Ameisenstaat in einem Labor nachgebaut haben. Dieser Bau wurde über Jahre hinweg erforscht. Die Forscher kamen zu dem Ergebnis, daß nicht nur jede Ameise für sich als Einzelwesen zu betrachten ist, sondern auch, daß ein einzelner Ameisenstaat wie ein menschlicher Körper zu sehen ist – und jede Ameise dabei der Funktion einer Zelle entspricht.

Wenn wir dieses Beispiel auf die Erde übertragen, gewinnt auch die oft gehörte Aussage an Bedeutung, daß Steine, die vorher nie aufgetaucht waren, „auf einmal" gefunden werden. Sie scheinen immer dann an die Oberfläche zu kommen, wenn es im Rahmen des Zeitgeschehens „richtig" ist. Wenn wir nochmals an die Geschichte der Edelsteinheilkunde denken, stellen wir auch hier fest, daß damals andere Steine als heute oft und häufig gefunden wurden und dementsprechend auch andere Steine zum Einsatz kamen, als es heute der Fall ist.

Die immer wieder neu auftauchenden Steine machen die Edelsteinheilkunde, die sich an den Eigenschaften der Steine orientiert, zu etwas sehr Lebendigem, das sich mit dem Wesen der Zeit verändert. Die „neuen" müssen wieder geprüft und getestet werden, bevor sich über ihre Wirkung eine Aussage machen läßt.

Edelsteine und Physik

Aus der Physik wissen wir, daß Energie niemals vernichtet werden kann. Sie kann nur ihre Form ändern und transformiert (umgeändert, umgewandelt) werden. Bei genauer Überlegung wird jedem klar, daß dies bereits für ganz einfache Dinge unseres Alltags gilt, wie zum Beispiel für das Essen: Die Energie, die wir durch Nahrung aufnehmen, wird in unserem Körper in eine andere **Form der Energie** umgewandelt.

Physikalisch wurde festgestellt, daß Energie in Wellen fließt. Diese Wellen werden gekennzeichnet durch zwei Extrempunkte. (Der eine Extrempunkt ist der Punkt, an dem die Energieschwingung am niedrigsten ist, der andere zeigt den Punkt, wo die Energie am höchsten ist). Bei Erreichen eines dieser Extrempunkte wandelt sich die Qualität der Energie und wendet sich dem anderen Extrempunkt zu. (Diese Bewegung findet man auch oft unter dem Stichwort „Polarität" in der einschlägigen Literatur beschrieben.) Man nennt diese Punkte auch die sogenannten „Spannungspunkte". Zum besseren Verständnis wird dieses Prinzip durch das nachfolgende Beispiel verdeutlicht.

Stellen Sie sich vor, Ihr Körper und jedes einzelne Organ schwingt in einer bestimmten Frequenz. Ist eines der Organe gestört, schwingt es in einer veränderten Frequenz. Durch die Anwendung des entsprechenden Heilsteins wird die ursprüngliche Frequenz, in dem das jeweilige Organ schwingt, wieder hergestellt.

Harmonische Schwingungen
(gesunder, psychisch ausgeglichener Mensch, Organe arbeiten normal)

Schwingungsfrequenz bei einem gesunden Organ

Disharmonische Schwingungen
(Mensch mit seelischen oder körperlichen Problemen, gestörte Organe)

Schwingungsfrequenz bei einem kranken Organ

Ausgleich der disharmonischen Schwingungen
mittels eines entsprechenden Heilsteins

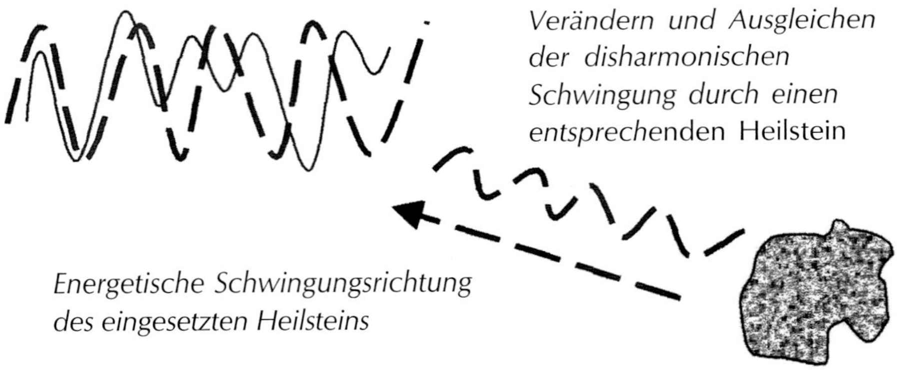

Die unregelmäßigen Schwingungen zeigen die vorhandene Disharmonie. Der Edelstein bringt durch seine Eigenschwingung (= Energiefrequenz) den gestörten Bereich wieder ins Gleichgewicht.

Wir haben damit gleich die Erklärung zu der Frage:
Was bedeutet Energietransformation konkret für den Einsatz von Edelsteinen oder Mineralien?
Wenn jemand Befindlichkeitsstörungen im seelischen oder körperlichen Bereich hat, so deutet dies auf ein Ungleichgewicht im energeti-

schen Bereich hin. Da die verschiedenen Störungen von Seele und Körper unterschiedliche Energiefrequenzen aufweisen (siehe Abbildung), setzt man zur Auflösung dieser Störung einen entsprechenden Edelstein (bzw. ein Mineral) ein, wodurch diese fehlende Energiefrequenz ausgeglichen wird. Dabei ist es so, daß kein Stein einem anderen gleicht: Jeder ist - wie der Mensch - ein Original. Ein Rubin aus Birma und einer aus Sri Lanka haben zwar die gleichen chemischen Bestandteile, doch in unterschiedlicher Zusammensetzung. Das ist die Erklärung dafür, daß wir aus einer Gruppe von „gleichen" Steinen einen ganz bestimmten gezielt herausgreifen (= intuitive Auswahl).

Die Möglichkeiten der Anwendung

Wie Sie im Kapitel „Edelsteine und Physik" erfahren haben, hat jede Störung sowohl auf seelischer als auch auf körperlicher Ebene eine eigene Schwingung im Energiehaushalt. Ihnen ist nunmehr auch bekannt, daß man mit Hilfe von Heilsteinen ausgleichend und regulierend auf diese veränderten Schwingungen einwirken kann. Nachfolgend erhalten Sie einen Überblick über die verschiedenen Möglichkeiten, Heilsteine einzusetzen. Allgemein kann man sagen:

Heilsteine sind nahezu universell einsetzbar!

Die wohl zur Zeit häufigste Art, Heilsteine einzusetzen, ist, diese am Körper zu tragen. Im Fachhandel gibt es für diesen Zweck sowohl gebohrte Trommelsteine als auch Motivanhänger. Diese werden mit Ketten oder mit Lederbändern getragen. Aber auch Heilstein-Ketten und -Armbänder sind ein gesundheitsförderndes und dazu noch sehr modisches Accessoire.

Man muß sich die Steine jedoch nicht unbedingt umhängen. Aufgrund der feinstofflichen Wirkung ist die Schwingung im Energiefeld des Körpers ebenso wirksam. So erfüllen sie z.B. auch in der Hosentasche getragen ihren Zweck. (Auch in der homöopathischen Behandlung kommt es vor, daß dem Patienten ein Mittel mitgegeben wird, das er nicht einnehmen, sondern nur am Körper tragen soll – und dennoch wirkt es.)

Eine weitere gebräuchliche Methode ist, die Steine stundenweise auf bestimmte Körperstellen aufzulegen (siehe hierzu auch Kapitel: Chakras). Hierfür bieten sich Ruhephasen an, d.h. während einer Meditation oder beim Autogenen Training. Auch das Mittagsschläfchen ist für diese Form der Anwendung hervorragend geeignet.

Nun hat nicht unbedingt jeder immer die Zeit für Ruhepausen, und es ist auch nicht jeder ein Anhänger von Meditation und Autogenem Training. Für solche Fälle bietet sich an, die Steine mit Heftpflaster auf dem Körper zu fixieren. Gerade bei länger bestehenden oder sehr massiv auftretenden Symptomen ist diese Methode sehr gut geeignet.

Außerdem kann man die Steine z.B. unter das Kopfkissen legen. Dies gilt nicht nur für die Nachtruhe, auch auf dem Sofa (beim Lesen oder Fernsehen) ist dies eine gute Alternative.

Im Feng Shui finden die Heilsteine ihren Einsatz als Hilfsmittel zur Harmonisierung der Raumenergie. Hierzu werden meist größere Steine benutzt: Sowohl Amethyst-Drusen als auch Bergkristall-Stufen sind heutzutage bereits in vielen Wohnräumen zu finden. Ebenso können Sie Salzkristall-Lampen (Halit) oder Edelstein-Brunnen zur Raumharmonisierung einsetzen.

Den Einsatz von Heilsteinen bei der Meditation kann man zusätzlich zu der zuvor erwähnten Möglichkeit wie folgt erweitern: Sie können „Ihren" Stein vor sich stellen oder während der Meditation in der Hand halten. Ebenso bietet es sich an, während der Meditation einen Kreis aus Steinen um sich herum zu legen. Dies gilt auch für Gruppenmeditationen: Entweder um die Gruppe herum wird ein Steinkreis gelegt oder die „freien Räume" zwischen den einzelnen Personen werden mit Bergkristall oder Rosenquarz geschlossen.

Für Massagen oder Reflexzonenbehandlungen mit Heilsteinen gibt es im Handel speziell für diesen Zweck geschliffene Stäbe. Diese sind allerdings mit viel Gefühl einzusetzen, damit nicht zu viel Druck auf die Stellen ausgeübt wird. Alternativ dazu kann man zur Harmonisierung des Energieflusses mit Steinkugeln arbeiten. Diese werden mit langsam rollenden Bewegungen über den Körper geführt. Auf diese Art und Weise kann man sich selbst auch die Füße gut massieren: einfach eine Kugel auf den Boden legen und langsam mit dem Fuß hin- und herbewegen.

Die Schwingung des Steines kann man auch auf in einen entsprechenden „Träger" übertragen, den man dann ebenso als Zusatz für Bäder verwenden kann. Falls Sie die Steinenergie für Bäder benutzen wollen, empfehle ich, entweder Edelsteinpulver zu kaufen oder den/die entsprechenden Stein/e vor dem Bad für eine Stunde in eine Schale kaltes bis lauwarmes Wasser zu legen und dieses Wasser dann dem Badewasser zuzufügen. Ich rate davon ab, die Steine direkt in das Badewasser zu legen, da zu heißes Wasser manche Steine beschädigen kann.

Weiterhin gibt es die Möglichkeit, mit den Steinen ein Edelsteinwasser, ein Elixier oder eine Essenz herzustellen, die man außer zur Einnahme auch zu verschiedenen anderen Zwecken verwenden kann. Da es hierbei sehr viele Details zu beachten gilt, sei dies lediglich der Vollständigkeit halber erwähnt.

Nun bleibt noch die Frage offen, auf welche Weise und wie lange man den entsprechenden Stein einsetzt. Als Faustregel gilt hier: Je nach vorhandenem Problem (Stärke und Dauer) und persönlichen Vorlieben werden die zuvor genannten Methoden entweder allein oder in kombinierter Weise eingesetzt. Je länger und massiver eine Störung besteht, desto länger und umfassender ist der Einsatz der Heilsteine. Dies bezieht sich jeweils auf körperliche und/oder seelische Probleme.

Ein Beispiel zur Verdeutlichung:

Wenn ich mich heute etwas abgespannt fühle, ist es ausreichend, für ein paar Stunden einen Stein zu tragen oder beim Ruhen unter mein Kopfkissen zu legen.

Anders sieht es natürlich aus, wenn ich schon länger mit meiner Gesundheit Probleme habe, hier muß ich stärker eingreifen und den Stein für längere Zeit bei mir tragen, ihn abends unter das Kopfkissen legen oder die schmerzenden Stellen damit massieren. Falls die Probleme an einer für mich selbst schwer zugänglichen Stelle (z.B. am Rücken) sind, nehme ich in diesem Fall auch noch ein Heilsteinbad.

Aber warum warten bis ich körperliche oder seelische Probleme habe? Was spricht dagegen, die Heilsteine täglich zur Steigerung meines persönlichen Wohlbefindens einzusetzen?

Sicherlich ist dem einen oder anderen schon einmal aufgefallen, daß die Wahl der Kleidung etwas mit der persönlichen „Tagesform" zu tun hat. Mit Hilfe eines gezielt gewählten Steines kann man seine persönliche Verfassung (wenn sie positiv ist) mit der Wahl des geeigneten Steines noch unterstützen; hat man eher einen schlechten Tag, kann man sein Befinden ebenso mit einem geeigneten Heilstein verbessern. Vorbeugend kann man sich durch einen gezielt gewählten Stein einen voraussichtlich langen und anstrengenden Tag erleichtern.

Noch eine Anmerkung zum Schluß: Wenn Sie sich für die gleichzeitige Anwendung von mehreren verschiedenartigen Steinen entscheiden, prüfen Sie bitte auf jeden Fall mit dem Pendel (oder einem anderen Testverfahren, z.B. dem kinesiologischen Armtest) nach, ob diese zusammenpassen. Es macht zum Beispiel keinen Sinn, einen Stein zu wählen, der den Blutdruck anhebt und gleichzeitig einen anderen Stein zu tragen, der den Blutdruck senkt. Dadurch schaffen wir durch die verschiedenen Schwingungen Chaos in unserem Organismus.

Entladung, Reinigung und Aufladung

Jedem, der sich bereits mit der Steinheilkunde beschäftigt hat, ist bekannt, daß Heilsteine vor bzw. nach der Benutzung immer gereinigt werden sollten. Meist wird aber nicht deutlich dargestellt, daß der Begriff „Reinigung" nur ein Überbegriff ist, der eigentlich mehrere Schritte beinhaltet; nämlich:

Das Entladen - das Reinigen - das Aufladen

Im Bereich der Edelsteinheilkunde arbeiten wir im feinstofflichen Bereich. Damit ein Stein seine ursprüngliche Schwingungsfrequenz wieder zurückerhält, müssen die Schwingungen, die von ihm während einer Behandlung aufgenommen wurden, anschließend neutralisiert werden.

Es gibt sowohl zur Entladung, zur Reinigung und zum Aufladen mehrere gängige Möglichkeiten, die nachfolgend aufgezeigt werden sollen. Allgemein gilt der Grundsatz:

Vor der Reinigung steht die Entladung!

1. Entladung

Eines der besten Mittel zur Entladung von Heilsteinen ist das Wasser. Wasser ist eines der großen Naturelemente, das der Erde den Namen „Der blaue Planet" verliehen hat. Das andere ist die Luft. Ohne Wasser und Luft gäbe es kein Leben auf der Erde! Daher ist Wasser auch eines der Elemente, das wir bei der Entladung von Heilsteinen sehr gut nutzen können.

Steine laden sich bei ihrem Einsatz statisch auf, was sich in Form von Wärme oder durch Veränderung des Energiefeldes äußert. Diese statische Aufladung wird durch den Einsatz von fließendem Wasser neutralisiert. Hierzu nimmt man den Stein einfach in die Hand und hält ihn so lange unter kaltes oder lauwarmes Wasser, bis man das Gefühl hat, daß er gereinigt ist.

Vorsicht empfiehlt sich allerdings bei *porösen Steinen*; bringen Sie diese nicht zu lange in Kontakt mit Wasser. Am besten ist es, man nimmt einen solchen Stein in die Hand, schließt eine Faust darum und läßt dann erst das Wasser laufen. So ist der Stein vor der unmittelbaren Wassereinwirkung geschützt. Zu den porösen Steinen gehören unter anderem: Azurit und Azurit-Malachit, Chrysokoll, Halit (dieser löst sich in Wasser sogar auf!), Malachit und Türkis.

Für alle Steine - aber besonders für die porösen - gibt es eine weitere Möglichkeit der Entladung: Man nimmt zwei Steine und schlägt sie kurz und heftig (aber nicht zu heftig) aneinander. Man versetzt ihnen sozusagen einen Schock, der wiederum zur Entladung führt.

Obwohl der Stein nun entladen ist, kann es sein, daß in ihm noch Informationen durch eine Anwendung zurückgeblieben, „gespeichert", sind. Solche Informationen bleiben auch trotz des Entladens im Stein. Um sie vollständig zu löschen, müssen Sie den Stein nach der Entladung reinigen.

2. Reinigung

Die Notwendigkeit der Reinigung und Pflege eines Steines wird offensichtlich, wenn wir uns an der Natur orientieren: Es ist einleuchtend, daß ein Stein, solange er in der Natur ist, sich durch die Kräfte der Natur immer wieder reinigen kann, liegt er aber bei uns im Haus, hat er diese Möglichkeit nicht mehr. Da der Stein unsere Energien ins Gleichgewicht bringen soll, müssen wir ihm also dabei helfen, seine Kräfte zu behalten. Hier gibt es einige gängige Methoden der Reinigung, wobei ein Stein - je nach der Dauer der vorherigen Anwendung - ein bis zwei Stunden gereinigt werden sollte; diese Zeitspanne wird um so länger, je länger man den Stein benutzt hat.

2.1. Meersalz

Eine weitverbreitete Methode ist die Reinigung mit Meersalz. Meersalz ist ein Naturprodukt, das keine chemischen Zusätze von Fluor oder Jod enthält, wie es bei Speisesalz meist der Fall ist. Schütten Sie das Meersalz in eine Glasschale, und legen Sie ein Baumwoll- oder Seidentuch darüber. Auf dieses Tuch wird dann der zu reinigende Stein gelegt. Bei dieser Methode beträgt der Wirkungsverlust des Salzes weniger als 25%.

In einigen Fachbüchern wird empfohlen, den Stein in eine durchsichtige Glasschale zu legen, die in eine größere, mit Meersalz gefüllte Schale eingebettet ist. Mit dieser Methode bleiben Ihre Steine auf jeden Fall unversehrt, allerdings wird dabei die Wirkung des Meersalzes durch das Glas um mehr als 50% reduziert!

Häufig wird auch empfohlen, den Stein direkt auf das Meersalz zu legen oder ihn ganz mit Salz zu bedecken. Durch Tests wurde allerdings bewiesen, daß verschiedene Steine mit dieser Methode geschädigt werden und ihre energetische Wirkung verlieren. Das ist auch der Grund, weshalb Sie Steine auf keinen Fall in Salzwasser baden sollten.

2.2. Feuer & Salz

Es gibt noch eine einfache Methode der Reinigung: Fast jeder hat in Zwischenzeit ein Salzteelicht (= Halit) zu Hause. Diese Salzteelichter sind bekanntlich nicht nur eine schöne Raumdekoration sondern reinigen einen Raum auch energetisch. Diese Wirkung kann man sehr gut auch zum Reinigen der Steine nutzen: Man zündet das Teelicht an und legt den zu reinigenden Stein **auf den Rand** des Teelichts. Durch die Wärme wird die Reinigungswirkung verstärkt und dabei noch ein weiteres Naturelement genutzt: die reinigende Kraft des Feuers.

Weiterhin kann man auch eine Salzduftlampe (Aromalampe aus Salzkristall) verwenden: Man legt den Stein oben auf die Glasfläche und läßt das Salz seine Wirkung entfalten. Hierbei besteht natürlich ein noch größerer Verlust der Salzwirkung als bei der zuerst beschriebenen Methode mit dem Teelicht, da der Stein noch weiter vom Salz entfernt ist.

Achtung! Da nicht alle Steine Feuer und Salz vertragen, sollten Sie, wenn Sie sich nicht sicher sind, eine von den nachfolgenden Reinigungsmöglichkeiten verwenden.

2.3. Rauch

Eine weitere Methode, die bereits von den Indianern und Schamanen praktiziert wurde, ist die Reinigung mit Rauch. Hierbei nutzen wir indirekt wieder die reinigende Kraft des Feuers. Die Naturvölker benutzten hierfür spezielle Kräuter oder kleine Äste. Da uns die entsprechenden Kenntnisse über diese Kräuter meist fehlen, verwenden wir die im Handel erhältlichen Räucherstäbchen, am besten Weihrauch oder Sandelholz. Um einen Stein zu reinigen, entzünden Sie ein Räucherstäbchen, legen ihn daneben und pusten den Rauch ein paarmal über den Stein, bis Sie das Gefühl haben, daß die Reinigung erfolgreich war.

2.4. Erde

Eine weitere Möglichkeit ist, einen Stein in Erde zu vergraben. Dazu empfiehlt sich, Erde in ein Gefäß zu geben und dieses Gefäß nur für diesen Zweck zu verwenden. Der Nachteil dieser Methode ist, daß unter Umständen (je nach Qualität und Beschaffenheit der Erde) die Steine durch Säuren in der Erde angegriffen werden.

2.5. Entmagnetisierung

Einige Heilsteinhändler oder Heilpraktiker bieten für Steine einen Reinigungsservice mit speziellen Geräten an. Es handelt sich dabei meist um ein Entmagnetisierungsgerät (wie es zum Beispiel bei Kassettenrecordern benutzt wird). Falls Sie sich dazu entschließen, Ihre Steine durch jemand anderen reinigen zu lassen, sollten Sie hinterher mit dem Pendel prüfen, ob die Steine wirklich gereinigt sind.

2.6. Reiki

Reiki-Kundige können ihre Steine mit Hilfe der Reiki-Energie, die dazu bestens geeignet ist, sowohl reinigen als auch aufladen.

3. Aufladen

Beim Aufladen der Steine gibt es, wie beim Reinigen, auch wieder mehrere Möglichkeiten:

3.1. Aufladen durch das Auflegen auf andere Heilsteine

Bergkristall-Stufen* sind durch ihre reinen und starken Energieschwingungen für diesen Zweck sehr gut geeignet.

Ebenso empfiehlt sich der Amethyst. Hierbei ist zu beachten, daß nur Amethyst-Drusen** oder kleine Rohstücke mit Kristallen geeignet sind, auf keinen Fall geschliffene oder getrommelte Steine. Im Amethyst befinden sich Eisen und Quarz, die diesem Stein eine starke Energieschwingung verleihen. Jede Spitze eines ungeschliffenen Amethystkristalls hat eine andere Ladung; daher genügt es, wenn Sie Ihren Stein auf den Amethyst legen bzw. in eine Druse.

Eine weitere Methode ist das Aufladen mittels Hämatit-Trommelsteinen***. Diese wirken durch viele Magneteinschlüsse magnetisch, womit die gewünschte Aufladung erzielt wird. Diese Methode empfiehlt sich bei fast allen Steinen mit Ausnahme derer, die keine Metall- oder Wassereinlagerungen haben.

3.2. Aufladen durch die Kräfte der Natur

- **Sonne**

Manchmal finden Sie in der entsprechenden Fachliteratur Hinweise

*(Bergkristall-Stufen: natürlich gewachsene und unbearbeitete Formation eines Bergkristalls mit Spitzen) **(Druse: Manche Kristalle entstehen in Löchern oder Höhlen von Gestein. Je nach Größe dieses Hohlraumes bilden sich diese aus, oft in Form einer Schale. Diese Form bezeichnet man als Druse. Die Energiekonzentration in dem Hohlraum wird bei der Entstehung der Druse quasi eingeschlossen. Daher sind Drusen besonders gut dazu geeignet, andere Steine aufzuladen.) ***(Trommelsteine: Sie entstehen, indem Rohsteine in eine langsam drehende „Trommel“ (entweder aus Holz oder Stahl) gegeben werden, die mit Wasser und Sand gefüllt ist. Danach wird diese Trommel so lange bewegt, bis alle Kanten der Steine durch die Reibung abgeschliffen sind. Dieser Prozeß dauert zwischen zwei und fünf Wochen, wobei die Trommel während dieser Zeit ununterbrochen läuft. Das beste Ergebnis erzielt man, wenn die Trommel mit etwa gleich großen Steinbrocken (möglichst noch mit der gleichen Härte) gefüllt wird.)

wie z.B., daß Sie Ihre Steine für ein bis zwei Stunden in der Sonne aufladen können oder sie täglich in die Sonne legen sollten, dann wieder heißt es, Sie sollten „pralle" Sonne für Ihre Steine vermeiden.
Falls jemand das eine oder andere ausprobieren möchte, gilt die Faustregel: So lange, wie Sie selbst ohne zu blinzeln in die Sonne sehen können, ist dies auch für den Stein gut. Wenn die Sonnenbestrahlung zu intensiv wird, bewirkt sie genau das Gegenteil: die Entladung des Steins! Am besten geeignet für diese Reinigungsform ist die Zeit morgens beim oder kurz nach dem Sonnenaufgang bzw. abends zum Sonnenuntergang.

- **Mond**
  Zusätzlich gibt es das Aufladen durch Mondlicht. Das Mondlicht ist wesentlich sanfter als das Sonnenlicht und gerade für den Mondstein ist diese sanfte Energie wesentlich besser geeignet als die Sonne.

Beide Möglichkeiten sind allgemein als gut zu bewerten.

Wie finde ich den „richtigen" Heilstein?

Das Schöne bei der Heilsteintherapie ist, daß man auf sehr vielen Ebenen und mit sehr unterschiedlichen Methoden arbeiten kann.

Zuerst einmal gibt es die sogenannte „intuitive Methode": Sie funktioniert ganz einfach, und zwar indem Sie sich, ohne hinzuschauen, aus verschiedenen Steinen und Steinarten einen Stein auswählen. Der Nachteil bei dieser Methode ist, daß wir sehr oft durch unsere persönliche Tagesform in der Auswahl beeinträchtigt werden. So kann es sein, daß der ausgewählte Stein genau die negative Schwingung verstärkt, die uns gerade beherrscht. Bei der intuitiven Auswahl ist es deshalb besser, wenn Sie sich erst einmal sammeln und dann vollkommen ruhig und entspannt „Ihren" Stein auswählen. Dies ist aber leider sehr oft nicht möglich, wenn wir mitten in einem Geschäft stehen, umringt von anderen Kunden.

Die bessere Methode ist aus diesem Grund, wenn Sie sich zuvor anhand eines guten Fachbuches mit den Qualitäten und Wirkungsbereichen der verschiedenen Heilsteine beschäftigen und hier vorab eine Auswahl treffen, welche Steine für die gewünschte Wirkung in Frage kommen. Anschließend müssen Sie dann nur noch die intuitive Auswahl aus einer bestimmten Steingruppe treffen.

Eine weitere Möglichkeit ist, sich den „richtigen" Stein auszupendeln. Hierbei sind allerdings eine gute Konzentration und das Freimachen von allen persönlichen Wünschen erforderlich. Wer sich in dieser Methode Kenntnisse verschaffen möchte, dem empfehle ich das Buch „Pendel-Welten" von Markus Schirner.

Wie ich eingangs bereits erwähnte, bevorzuge ich selbst die ganzheitliche Denk- und Arbeitsweise. Ganzheitlich bedeutet, daß man nicht ein einzelnes Symptom bekämpft, sondern, daß den Menschen als Ganzes betrachtet, der in gewissen Bereichen Probleme hat. Diese Probleme können sehr unterschiedlicher Natur sein, beziehen sich aber stets auf Körper, Seele **und** Geist. All diese Bereiche lassen sich unter Berücksichtigung der jeweiligen Persönlichkeit mit der Heilsteintherapie sehr gut behandeln. Nach Durchsicht der nachfolgenden Seiten können Sie diese Methode leicht und einfach nachvollziehen.

Sie beginnen damit, daß Sie eine Liste zusammenstellen (siehe Analysebogen), in der Sie so viele Symptome wie möglich - sowohl körperliche als auch seelische - notieren. Wie bei allen ganzheitlichen Methoden sollten wir nie vergessen, danach zu fragen, was der Auslöser für die Befindlichkeitsstörung (bzw. für das Symptom/die Krankheit) ist. Meist dienen diese Störungen als Boten, die uns eine Nachricht unserer Seele übermitteln: durch die körperliche Symptome teilen sie uns mit, daß wir etwas in unserem Leben ändern sollten.

Ich empfehle Ihnen, in sich hineinzuhorchen, und sich zu fragen, was Ihnen die Krankheit wohl sagen will (bzw. wenn Sie für jemand anderen einen Stein suchen, sich in diesen hineinzuversetzen und auf der Seelenebene mit ihm zu kommunizieren). Meistens das zuerst im Bewußtsein auftauchende Symptom der Wegweiser zu der Botschaft.

Von der Theorie zur Praxis

Ein Beispiel ist am besten geeignet, Ihnen zu zeigen, wie Sie die zuvor beschriebene Vorgehensweise besser in die Praxis umsetzen können.

Eine Freundin erzählt, daß sie unter Angina pectoris* leidet und fragt, ob man hier mit einem Stein Linderung erreichen kann.

Sie setzen sich nun mit Ihrer Freundin zusammen und fragen erst einmal nach, was sie denn sonst noch an Symptomen an sich bemerkt hat. Bei Personen, die noch nicht mit ganzheitlichen Methoden in Berührung gekommen sind, empfiehlt es sich, einige Fragen zu stellen, die wichtige Anhaltspunkte liefern können, z.B.: Schläfst du gut? Hast du viel/wenig Hunger? Ist deine Haut in Ordnung? Versuchen Sie dabei,

*(Herzschmerzen mit Beklemmungsgefühlen)

sich auch in die Situation der befragten Person hineinzuversetzen, und stellen Sie auch dazu gezielte Fragen. Sie werden überrascht sein, wie schnell sich Ihr Gegenüber auf diese Methode einstellt und wie viele Dinge ihm dabei bewußt werden.

Schreiben Sie alle Angaben, die Sie aus der Befragung gewonnen haben, untereinander auf. Dabei stellt sich dann z.B. heraus, daß Ihre Freundin öfter unter sehr großen Stimmungsschwankungen leidet (was bei der Diagnose Angina pectoris wenig wundert). Dazu kommen eventuell Ängste, die sich unter anderem in Alpträumen äußern. Die Alpträume lösen starke Schweißausbrüche aus, ebenso Atemprobleme. Durch die ärztliche Diagnose fühlt sie sich außerdem mit dem Tod konfrontiert, was ihr das Gefühl gibt, im Leben oft zu kurz gekommen zu sein. Dadurch versucht sie intensiver zu leben und „denkt jetzt erst einmal an sich".

Nachfolgend eine Liste von Befragungsergebnissen, wie sie gemäß unserem Beispiel aussehen könnte:

Symptome:
- Angina pectoris
- Stimmungsschwankungen
- Alpträume
- Nachtschweiß
- Atembeschwerden
- Egozentrik

Anmerkung:
Meist genügen fünf Symptome, zur Auswahl eines Steins. Kommen mehr als 15 zusammen, sollten Sie die Liste noch einmal gemeinsam durchgehen und festlegen, welche Symptome die größte Belastung darstellen und die anderen dann nur noch berücksichtigen, wenn Sie nicht einen einzigen Stein eindeutig herausarbeiten können. Anhand dieser Aufzeichnungen gehen Sie nun von Stichpunkt zu Stichpunkt durch den Index der Symptome und notieren sich jeweils alle dort aufgeführten Steine. Gemäß unserem Beispiel sieht die Liste dann folgendermaßen aus:

Wie finde ich den richtigen Heilstein?

Symptom	**Stein**
Angina pectoris	Amethyst, Aquamarin, Rosenquarz, Heliotrop
Stimmungsschwankungen	Amazonit, Falkenauge, Serpentin, Tigerauge, Türkis, Zinnober
Alpträume	Amethyst, Blautopas, Chrysopras, Chrysoberyll, Flint-Feuerstein, Grosslular, Heliotrop, Jadeit, Karneol, Rutilquarz, Rubin, Türkis
Nachtschweiß	Amethyst, Chrysokoll, Kunzit
Atembeschwerden	Amethyst, Bernstein, Chalcedon, Halit, Pietersit, Rutilquarz, Türkis, Turmalin, Zirkon
Egozentrik	Amethyst, Rhodochrosit

Nun bleibt nur noch der letzte Schritt: Die Auswertung. Dazu sehen wir uns die Aufstellung an und sehen, daß bei jedem Symptom der Amethyst genannt wird – und das ist dann eben der „richtige Stein".

In unserem Beispiel ist es sehr einfach, weil der Amethyst gemäß dem Alphabet immer an erster Stelle auftaucht. Ich mache es immer so, daß ich mir die Steine noch einmal untereinander aufschreibe und dann eine Strichliste anfertige, in der ich notiere, wie oft der betreffende Stein bei den Symptomen auftaucht. Ein Beispiel eines Analysebogens finden Sie im Anschluß, ebenfalls ein leeres, vorbereitetes Analyseblatt, das Sie sich kopieren können.

Natürlich ist es kein „Muß", mit diesem Buch auf die beschriebene Weise zu arbeiten. Aus diesem Grund sind im Index der Symptome auch sehr viele Stichworte zu seelischem Befinden oder zu spirituellem Wachstum genannt. Wenn nun jemand z.B. an seiner Inspiration arbeiten will, findet er auch hierzu entsprechende Steine.

Zu guter Letzt möchte ich noch darauf hinweisen, daß meine hier beschriebene Methode lediglich eine von vielen verschiedenen Möglichkeiten ist, mit Steinen zu arbeiten. Für alle Arbeitsweisen gilt:

Es gibt kein „besser“ oder „schlechter“, nur ein „anders“.

Ich wünsche Ihnen viel Freude und Erfolg beim Einsatz der Heilsteine.

Analysebogen: Beispiel

BEISPIEL: Analysebogen zur Auswertung von Heilsteinen

Symptome

Angina pectoris	Atembeschwerden	Alpträume	Nachtschweiß

Heilsteine

Angina pectoris	Atembeschwerden	Alpträume	Nachtschweiß
Amethyst, Aquamarin, Rosenquarz, Heliotrop	Amethyst, Blautopas, Chrysopras, Chrysoberyll, Flint-Feuerstein, Grossular, Heliotrop, Jadeit, Karneol, Rutilquarz, Rubin, Türkis	Amethyst, Bernstein, Chalcedon, Halit, Pietersit, Rutilquarz, Türkis, Turmalin, Zirkon	Amethyst, Chrysokoll, Kunzit

Auswahl

Amethyst (angezeigt 4 von 4 Möglichkeiten)
Heliotrop (angezeigt 2 von 4 Möglichkeiten)

Ergebnis

Amethyst

Name: ____________________ *Bemerkungen:* ____________________

____

Die Heilsteine von A–Z

Erläuterungen der nachfolgend verwendeten Begriffe

- **Chemie**
  Chemische Zusammensetzung des Minerals bzw. Edelsteins

- **Dichte**
  Die Masse der Raumeinheit eines Körpers. Ist **M** die Masse und **V** der Rauminhalt eines Körpers, so ist seine Dichte **D = M/V** (g/cm^3). Die Dichtenzahl ist identisch mit dem Wert des spezifischen Gewichts.

- **Farbe**
  Charakteristisches Bestimmungsmerkmal, das aber nicht immer ganz zuverlässig ist, da eine Reihe von Edelsteinen oder Mineralien in verschiedenen Farben vorkommen.

- **Heilwirkung**
  Die unter Heilwirkung genannten Symptome oder Befindlichkeitsstörungen beschreiben den Anwendungs- bzw. Wirkungsbereich, in dem der jeweilige Heilstein wirkt. Da sich der Wirkungsbereich der einzelnen Steine als recht vielschichtig erweist, sind hier jeweils nur einige Symptome genannt. Das beeinflußt die Arbeit mit diesem Buch in keinem Falle, da die Auswahl nach dem ganzheitlichen Prinzip vorgenommen wird (siehe Indexliste Symptome/Heilsteine).

- **Kristallsystem**
  Edelsteine und Mineralien, deren Atome einer bestimmten Gesetzmäßigkeit unterliegen, die sich in den verschiedenen Kristallsystemen widerspiegelt (siehe Kapitel Kristallsysteme)

- **Mohshärte**
  Mit dem Begriff Härte ist der Widerstand eines Minerals gegen das Eindringen eines anderen Körpers zu verstehen (Härte nach Mohshärte-Skala)

- **Strichfarbe**
  Eigentliche Farbe des Minerals in Pulverform (dient unter anderem zur Unterscheidung von farbigen oder gefärbten Mineralien)

- **Transparenz**
  Transparenz bezeichnet die Lichtdurchlässigkeit der Mineralien und Edelsteine.

durchsichtig:	Man kann durch eine dicke Mineralschicht eine darunterliegende Schrift lesen
durchscheinend:	Licht scheint durch eine dicke Mineralschicht
undurchsichtig:	Dünne Mineralschicht läßt kein Licht durch, Pulver hingegen ist durchscheinend
opak:	Mineral läßt kein Licht durch, weder als dünne Mineralschicht noch als Pulver

- **Varietät**
  Abarten von Mineralien, die einer Gruppe zugeordnet sind (z.B. Kristallsystem)

- **Vorkommen**
  Fundorte bzw. Länder, in denen das beschriebene Mineral oder der Edelstein vorkommt. Hier aufgeführt sind die wichtigsten und größten Vorkommen.

Indexliste der Heilsteine

Die Heilsteine von A–Z

Fluorit
Fuchsit

Gagat
Girasol
Gold
Goldtopas
Granat
Grossular

Halit
Hämatit
Heliodor
Heliotrop
Herkimer Diamant
Hiddenit
Hornblende
Howlith
Hyazinth *siehe Zirkon*
Hypersthen

Indigolith
Iolith

Jadeit
Jargon
Jaspis
Jett *siehe Gagat*

Karneol
Koralle
Kunzit
Kupfer

Labradorit
Lace Achat *siehe Achat*
Lapislazuli
Larimar
Lazulith
Lepidolith

Magnesit
Magnetit
Mahagoni-Obsidian *siehe Obsidian*
Malachit
Markasit
Marmor
Moldavit
Mondstein
Mookait
Moosachat
Moosopal *siehe Opal*
Moqui Marble
Morganit
Muskovit

Nephrit

Obsidian
Olivin *siehe Peridot*
Onyx
Opal
Opalith
Orthoklas

Peridot
Perle
Perlmutt
Petalit
Pietersit
Pop Rock
Prasem
Prehnit
Purpurit
Pyrit
Pyrolusit

Rauchquarz
Rhodochrosit
Rhodonit
Rhyolith

Achat

Zuordnungen:

Chakra:
- Augenachat: Stirn-Chakra
- Baumachat: Wurzel-Chakra
- Bänderachat: Sakral-Chakra, Solarplexus-Chakra
- Botswana-Achat: Herz-Chakra
- Feuerachat. Wurzel-Chakra
- Lace Achat: Sakral-Chakra
- Sternachat: Wurzel-Chakra, Solarplexus-Chakra
- Wasserachat: Sakral-Chakra

Westl.* Sternzeichen: Stier, Zwillinge, Krebs, Skorpion
Indian.* Sternzeichen: Hirsch
Chin.* Sternzeichen: Schlange, Pferd, Ziege, Schwein
Element: - Augenacha, Baumachat, Moosachat: Erde - Botswana-Achat (rosa): Luft
- Feuerachat: Feuer

Eigenschaften:

Farbe:	alle Farben, meist grau, graublau, graugrün, grauweiß, braun gestreift
Transparenz:	durchscheinend
Strichfarbe:	weiß
Kristallsystem:	trigonal
Mohshärte:	6 - 7
Dichte:	2,59 - 2,61
Chemie:	SiO_2
Vorkommen:	Deutschland, Rußland, Italien, Indien, Australien, Südafrika, USA u.a.

Achatarten:

Augenachat
Farbe: bräunlich mit augenähnlichen Ringen
Heilwirkung: Der Augenachat wirkt - wie der Name bereits vermuten läßt - in erster Linie auf die Augen, so z.B. bei drohender Netzhautablösung, bei Reizungen der Netzhaut, bei Grünem Star.

*Westl. = westliches; indian. = indianisches; chin. = chinesisches

Die Heilsteine von A–Z

Bänderachat	Farbe: gelb, rötlich, blau bis grau Heilwirkung: Der Bänderachat wirkt in erster Linie auf die inneren Organe, wie z.B. die Gebärmutter, Magen und Darm.
Baumachat	Farbe: grünweiß mit fadenartigen Einlagerungen Heilwirkung: Der Baumachat verbessert Durchhaltevermögen und Ausdauer. Gleichzeitig fördert er innere Ruhe und Besonnenheit. Durch seine positive Wirkung auf das Immunsystem stärkt er die Widerstandskraft gegen Erkrankungen. Auch bei körperlicher Erschöpfung ist er eine große Hilfe.
Botswana-Achat	Farbe: Es sind fast alle Farbschattierungen möglich. Kennzeichen ist aber immer eine bänderartige Zeichnung. Der Botswana-Achat hat seinen Namen nach dem Land seiner ersten Fundstätte erhalten. Heilwirkung: Der Botswana-Achat wirkt in erster Linie auf die Lungen. So hilft er bei Rauchvergiftungen unserem Körper, wieder in sein natürliches Gleichgewicht zu kommen. Wenn jemand mit dem Rauchen aufhören möchte, kann er sich diese Wirkung sehr gut zunutze machen. Zusätzlich fördert der Botswana-Achat die Regenerationsfähigkeit der Zellen und wirkt auf die Blutbildung.
Feuerachat	Farbe: braun, grün, blau, orange Heilwirkung: Der Feuerachat „schürt" das innere Feuer: er belebt (überwiegend im Bereich des Wurzel-Chakras), stabilisiert aber dabei auch unseren Kontakt zur Erde, fördert die Regeneration und stärkt das Gehirn.
Lace-Achat	Farbe: weißgrau, gelblich, bizarre Zeichnungen Heilwirkung: Der Lace Achat wirkt auf die Blase und die Gallenblase. Er verhilft uns zu einem besseren Umgang mit unseren Ängsten.
Moosachat	siehe dort
Sternachat	ist auch bekannt unter dem Namen «Amulettstein» oder Thunder Egg (Donner-Ei). Farbe: grün, grau oder braun Heilwirkung: Der Sternachat stärkt die Abwehrkräfte und wirkt positiv auf die Nerven.
Wasserachat	Achat-Geode* mit eingeschlossenem Wasser Heilwirkung: Der Wasserachat beruhigt und schützt uns vor

*(Der Begriff Geode stammt aus dem Griechischen und bezeichnet Gesteinshohlräume, die von Mineralien ausgefüllt sind. Kleine Geoden werden als «Mandeln» bezeichnet.)

negativen Einflüssen. Er dient zur Kräftigung unseres Allgemeinzustandes und reduziert so streßbedingte Kopfschmerzen.

Heilwirkung:

Durch die vielseitigen Erscheinungsformen und Arten der Achate ergibt sich ein sehr breites Wirkungsspektrum mit einem nahezu unerschöpflichen Einsatzbereich (siehe Einzelbeschreibungen).

Aktinolith

Zuordnungen:

Chakra: Sakral-Chakra,
Solarplexus-Chakra
Westl. Sternzeichen: Skorpion
Chin. Sternzeichen: Schwein
Element: Erde

Eigenschaften:

Farbe:	grün, auch braun, grau, weiß und farblos
Transparenz:	durchsichtig, durchscheinend
Strichfarbe:	weiß
Kristallsystem:	monoklin
Mohshärte:	5,5 - 6
Dichte:	3,0 - 3,2
Chemie:	$Ca_2 (Mg,Fe)_5 [OH,F \mid Si_4O_{11}]_2$
Vorkommen:	Österreich, Italien, Bulgarien u.a.

Heilwirkung:

Der Aktinolith ist ein Stein, der auf der körperlichen Ebene die Entgiftung anregt, indem er auf die Leber- und Nierenfunktion einwirkt. Er hilft, unsere Intuition zu stärken und Fehler zu analysieren. Durch die Entwicklung dieser Fähigkeiten fallen uns Entscheidungen leichter. So kann man im übertragenen Sinn auch hier von einer Art der Entgiftung sprechen: Wir lernen, falsche Wege (die im übertragenen Sinn unser Leben vergiften) zu erkennen und können diese verlassen.

Alexandrit

Zuordnungen:

Chakra: Solarplexus-Chakra, Herz-Chakra
Westl. Sternzeichen: Zwillinge, Waage
Chin. Sternzeichen: Pferd, Hund
Element: Erde, Feuer

Eigenschaften:

Farbe:	bei Tageslicht grün bis smaragdgrün, bei künstlicher Beleuchtung rot bis violett
Transparenz:	durchsichtig
Strichfarbe:	weiß
Kristallsystem:	rhombisch
Mohshärte:	8,5
Dichte: ca.	3,7
Chemie:	$Be\ Al_2 O_4$
Vorkommen:	Rußland, Simbabwe, Tansania, Brasilien u.a.

Besonderheiten:

Der Alexandrit ist ein außerordentlich seltener Stein und eine Varietät des Chrysoberyll.

Heilwirkung:

Der Alexandrit fördert die Regenerationsfähigkeit unseres Körpers. Auch bei chronischen Entzündungen wirkt er hilfreich. Er stärkt die Leber und wirkt auf Lymphstauungen. Durch seine ausgleichende Schwingung hilft er uns, in das innere Gleichgewicht zu kommen. Dadurch werden wir ausgeglichener und widerstandsfähiger gegenüber seelischen Belastungen.

Alunit

Zuordnungen:

Chakra: Wurzel-Chakra, Solarplexus-Chakra
Element: Luft

Eigenschaften:

Farbe:	weiß, grau, gelblich
Transparenz:	durchscheinend
Strichfarbe:	weiß
Kristallsystem:	trigonal
Mohshärte:	3,5 - 4
Dichte:	2,7 - 2,8
Chemie:	$KAl_3 [(OH)_6 \mid (SO_4)_2]$
Vorkommen:	Italien, Ungarn, USA, Australien u.a.

Besonderheit:

Der Alunit wurde früher als „Alaun“ bezeichnet (Alaunstifte findet man auch heute noch in vielen Haushalten).

Heilwirkung:

Die blutstillende Eigenschaft dieses Steins ist bereits seit Generationen bekannt. Man benutzt ihn ebenfalls zur Heilung chronischer Entzündungen. Er wirkt positiv auf Hautausschläge. Am wirkungsvollsten ist es, einen Stein eine Sekunde (höchstens!) in den Mund zu nehmen; danach die betroffenen Stellen kurz mit dem angefeuchteten Stein berühren.

Amazonit

Zuordnungen:

Chakra: Herz-Chakra, Hals-Chakra
Westl. Sternzeichen: Stier, Waage, Schütze, Wassermann, Fische
Chin. Sternzeichen: Schlange, Hund, Ratte, Tiger, Hase
Element: Erde

Eigenschaften:

Farbe:	grün bis blaugrün
Transparenz:	durchscheinend bis undurchsichtig,
Strichfarbe:	weiß
Kristallsystem:	triklin
Mohshärte:	6
Dichte:	2,5 - 2,6
Chemie:	K [$AlSi_3O_8$]
Vorkommen:	Österreich, USA, Kanada, Rußland, Brasilien, Madagaskar, Mocambique, Namibia, Indien u.a.

Heilwirkung:

Der Amazonit wurde bereits früher Gebärenden in die Hand gegeben, um die Wehentätigkeit zu fördern. Seine Wirkung ist auch bei Menstruationskrämpfen hilfreich und entspannend. Durch seinen Kupfergehalt stärkt er das Gehirn. Auch im seelischen Bereich gilt der Amazonit als Stein des Ausgleichs: So löst er seelische Spannungen auf und wirkt beruhigend auf die Nerven. Selbst bei selbstzerstörerischen Tendenzen und Depressionen ist die ausgleichende Wirkung des Amazonits dokumentiert.

Amethyst

Zuordnungen:

Chakra: Wurzel-Chakra, Scheitel-Chakra, Solarplexus-Chakra
Westl. Sternzeichen: Widder, Jungfrau, Skorpion, Schütze, Wassermann, Fische
Indian. Sternzeichen: Schlange
Chin. Sternzeichen: Drache, Hahn, Schwein, Ratte, Tiger, Hase
Element: Feuer, Luft

Eigenschaften:

Farbe:	hell- bis dunkelviolett, blaß rotviolett
Transparenz:	durchsichtig bis durchscheinend
Strichfarbe:	weiß
Kristallsystem:	trigonal
Mohshärte:	7
Dichte:	2,65
Chemie:	SiO_2
Vorkommen:	Deutschland, Rumänien, Brasilien, Uruguay, USA, Madagaskar, Sri Lanka u.a.

Besonderheiten:

Der Amethyst sollte niemals in die pralle Sonne gelegt werden, er bleicht aus und verliert so seine violette Farbe. Manche Edelsteinschleifer nutzen diesen Effekt und setzen den Amethyst großer Hitze aus. Dadurch verändert sich seine Farbe ins Gelbe. Diese Steine finden wir dann oft bei Händlern als Citrine (siehe auch dort)

Heilwirkung:

Die Einsatzbereiche für den Amethyst sind äußerst vielfältig: – So kannten ihn bereits die alten Griechen als den Stein, der die Nüchternheit bewahrt (man sieht die Dinge so, wie sie sind). Er verbessert über seine Wirkung auf die Nervenzellen im Gehirn die Konzentrationsfähigkeit. Ebenso hilft er bei Migräneattacken. – Der Amethyst fördert die Entspannung: daher ist er sehr empfehlenswert bei Schlafstörungen. Er wirkt ausgleichend bei Überaktivität (auch Hyperaktivität) und innerer Unruhe.

Sehr gut kann man den Amethyst auch zur Vertiefung der Meditation einsetzen. – Die Wirkung des Amethyst auf das Blut: Er reinigt das Blut und gleicht den Blutdruck aus, löst Blutgerinnsel auf, wirkt demzufolge auch bei Venenproblemen oder Krampfadern. Blutergüsse läßt er schneller verschwinden. – Auch bei Augenproblemen kann man ihn gut einsetzen: er verbessert das Sehvermögen und wird sogar zum Auflösen von Farbenblindheit benutzt. – Außerdem stärkt er die Bauchspeicheldrüse und regt das Immunsystem an, hilft aber ebenso bei Halsschmerzen. Der Amethyst stärkt unsere Atemwege, hilft uns bei Lungenerkrankungen. Ebenso hat er eine Wirkung auf die Nerven und Gelenke und hilft bei der Straffung des Bindegewebes. – Der Amethyst ist auch bekannt als der „Stein der Süchte“: man sagt ihm nach, daß er auf jede Art von Suchtverhalten positiv wirkt. – Auch zur Harmonisierung der Raumenergie wird der Amethyst in Form einer Druse oder eines Brunnens sehr oft eingesetzt.

Ametrin

Zuordnungen:

Chakra: Solarplexus-Chakra, Stirn-Chakra
Westl. Sternzeichen: Zwillinge, Waage
Chin. Sternzeichen: Pferd, Hund
Element: Feuer, Erde

Eigenschaften:

Farbe:	gelb und violett
Transparenz:	durchsichtig bis durchscheinend
Strichfarbe:	weiß
Kristallsystem:	trigonal
Mohshärte:	7
Dichte:	2,63 - 2,65
Chemie:	SiO_2
Vorkommen:	Brasilien, Bolivien u.a.

Besonderheit:

Der Ametrin ist eine „Mischform“ aus Amethyst und Citrin. Er verbindet die Wirkung dieser beiden Steine harmonisch. Seine Wirkung ist immer ausgleichend, gleich in welchem Bereich wir ihn einsetzen.

Heilwirkung:

Der Ametrin reguliert die Darmtätigkeit und fördert die Regeneration von Zellen. Durch seine (ausgleichende) Wirkung auf Gehirn und Nerven steigert er die Belastbarkeit und die Konzentration. So verhilft er uns zu innerer Ruhe und Gelassenheit und steigert so unsere Leistungsfähigkeit.

Andalusit

Zuordnungen:

Chakra: Wurzel-Chakra
Westl. Sternzeichen: Jungfrau
Chin. Sternzeichen: Hahn
Element: Erde

Eigenschaften:

Farbe:	rotgrau, braun, gelbgrün, grün, bräunlich-rot
Transparenz:	durchsichtig bis undurchsichtig
Strichfarbe:	weiß
Kristallsystem:	rhombisch
Mohshärte:	7,5
Dichte:	3,1 - 3,2
Chemie:	$Al_2 [O \mid SiO_4]$
Vorkommen:	Deutschland, Österreich, Spanien, USA, Australien, Brasilien u.a.

Heilwirkung:

Der Andalusit fördert über seinen Aluminiumgehalt die Entgiftung des Körpers und beugt durch seine Wirkung auf das Gehirn der Alzheimerschen Erkrankung vor. Auch bei Schwächegefühl, das aus dem Magen kommt, ist er hilfreich. Er stärkt auch unser Gefühl für unsere „Urpersönlichkeit“ und hilft uns so zu erkennen, ob unsere Entscheidungen und unser Lebensweg für uns gut sind.

Anhydrit

Zuordnungen:

Chakra: Wurzel-Chakra, Sakral-Chakra
Westl. Sternzeichen: Krebs, Fische, Skorpion
Chin. Sternzeichen: Ziege, Hase, Schwein
Element: Wasser

Eigenschaften:

Farbe:	weiß, bläulich, grau, rötlich, rotlila
Transparenz:	durchscheinend
Strichfarbe:	weiß
Kristallsystem:	rhombisch
Mohshärte:	3,5
Dichte:	2,9 - 3
Chemie:	$CaSO_4$
Vorkommen:	Frankreich, Italien, USA, Indien, Chile u.a.

Heilwirkung:

Der Anhydrit wirkt stärkend auf die Nierenfunktion. So können durch seinen Einsatz auch Ödeme abschwellen. Er stärkt unsere psychische Belastbarkeit und vermittelt uns das Gefühl der Selbstsicherheit.

Apachenträne

Zuordnungen:

Chakra: Wurzel-Chakra
Element: Erde

Eigenschaften:

Farbe:	schwarz, grau-schwarz
Transparenz:	undurchsichtig bis durchscheinend
Strichfarbe:	weiß
Kristallsystem:	amorph
Mohshärte:	5 - 5,5
Dichte:	2,35 - 2,60
Chemie:	$SiO_2 + H_2O + Fe_2O_3$
Vorkommen:	New Mexico/USA

Besonderheiten:

Die Apachenträne gehört zur Gruppe der Obsidiane.

Heilwirkung:

Mit Hilfe dieses Steines können wir unsere Darmtätigkeit regulieren, denn er wirkt sowohl auf den Darm an sich als auch bei allen Problemen mit der Verdauung. – Auch hier haben wir eine Entsprechung auf der seelischen Ebene: durch den Einsatz einer Apachenträne lernen wir Objektivität, erfassen intuitiv, was wir in unserem Leben besser „festhalten" und was wir besser „loslassen" sollten.

Apatit

Zuordnungen:

Chakra: Wurzel-Chakra
Westl. Sternzeichen: Zwillinge
Chin. Sternzeichen: Pferd
Element: Luft

Eigenschaften:

Farbe:	dunkelblau, braun, grün, purpur oder gelb
Transparenz:	durchsichtig
Strichfarbe:	weiß
Kristallsystem:	hexagonal
Mohshärte:	5
Dichte:	3,16 - 3,22
Chemie:	$Ca_5 [(F,OH) \mid (PO_4)_3]$
Vorkommen:	Norwegen, Schweiz, Mexiko, Schweden, Südafrika, USA, Kanada, Rußland u.a.

Heilwirkung:

Der Apatit ist der Stein der Steigerung in allen Bereichen! So wirkt er anregend auf den Appetit, fördert die Abwehrkräfte und stärkt die Nerven. Er kräftigt die Muskeln und das Muskelgewebe. Bei Knochenbrüchen regt er die Heilung an, wirkt positiv auf die Zellerneuerung ein und zeigt seine Wirkung auch bei Rachitis, Arthrose, Gelenkbeschwerden und Entzündungen des Knochengerüsts. Auch bei Osteoporose wurde mit Hilfe dieses Steines eine Verbesserung der Knochendichte erreicht. Selbst bei motorischen Störungen zeigt der Apatit Wirkung. Im seelischen Bereich steigert er unser Selbstbewußtsein und fördert unsere Anpassungsfähigkeit. Der Apatit hilft uns dabei, mit anderen besser zu kommunizieren.

Apophyllit

Zuordnungen:

Chakra: Sakral-Chakra, Hals-Chakra
Westl. Sternzeichen: Waage, Zwillinge
Chin. Sternzeichen: Hund,Pferd
Element: Erde (weiß + rosa: Luft)

Eigenschaften:

Farbe:	farblos, weiß, rot, grün, violett
Transparenz:	durchsichtig, durchscheinend
Strichfarbe:	weiß
Kristallsystem:	tetragonal
Mohshärte:	4,5 - 5
Dichte:	2,3 - 2,4
Chemie:	$KCa_4[F \mid (Si_4O_{10})_2]$
Vorkommen:	Italien, Großbritannien, Indien, Brasilien, USA, Australien, Mexiko u.a.

Heilwirkung:

Der Apophyllit wirkt sowohl auf körperlicher als auch auf seelischer Ebene auf bestehende Beschränkungen unseres Ich und macht uns diese bewußt. So wirkt er ausgezeichnet bei Atemwegserkrankungen, ja sogar bei Asthmaerkrankungen (die eingeschränkte Atmung). Auf der seelischen Ebene holt er die Begrenzungen und Ängste unseres Ich in das Bewußtsein und hilft uns, diese aufzulösen.

Aquamarin

Zuordnungen:

Chakra: Hals-Chakra
Westl. Sternzeichen: Stier, Zwillinge, Krebs, Jungfrau, Waage. Skorpion, Fische, Wassermann
Chin. Sternzeichen: Schlange, Pferd, Ziege, Hahn, Hund, Schwein, Hase, Tiger
Element: Wasser, Luft

Eigenschaften:

Farbe:	hellblau bis grünblau
Transparenz:	durchsichtig bis durchscheinend
Strichfarbe:	weiß
Kristallsystem:	hexagonal
Mohshärte:	7,5 - 8
Dichte:	2,63 - 2,8
Chemie:	$Al_2 Be_3 [Si_6O_{18}]$
Vorkommen:	Italien, Namibia, Brasilien, Tansania, Sri Lanka, Indien, USA, Australien, Pakistan, Afghanistan u.a.

Besonderheiten:

Auch dieser beliebte Stein mit seiner vielseitigen Wirkung ist schon seit Generationen bekannt. Er sollte mit Hilfe von Hämatit-Steinen aufgeladen werden.

Heilwirkung:

Der Aquamarin wirkt regulierend und stärkend auf die Drüsenfunktionen unseres Körpers. Daher kann man ihn gut bei Schilddrüsenproblemen, Drüsenschwellungen und Entzündungen in diesem Bereich einsetzen. Er stärkt das Immunsystem. Zusätzlich kann man sehr gut müde und überanstrengte Augen mit seiner Hilfe regenerieren. Da bei Allergien und Heuschnupfen oft die Augen tränen, ist er auch für diesen Bereich gut anwendbar. Auch bei Erkältungen und Atemwegserkrankungen wie Asthma und Bronchitis ist er hilfreich. Durch seine sanfte Schwingung wirkt er beruhigend und baut so Aggressionen ab. Dadurch kann man bei regelmäßiger Anwendung sogar Herzanfällen vorbeugen. Aufgrund seiner großen Wirkung auf verschiedene Drüsen erreicht er über diese Ebene auch unsere Seele: er mildert Depressionen und extreme Stimmungsschwankungen. Ebhlangeenso fördert er die Gehirntätigkeit und ist so auch gerade für Menschen, die sehr viel Streß haben, sehr gut geeignet.

Aragonit

Zuordnungen:

Chakra: Wurzel-Chakra,
Solarplexus-Chakra
Westl. Sternzeichen: Steinbock
Chin. Sternzeichen: Büffel
Element: Luft

Eigenschaften:

Farbe:	weiß, gelblich, bläulich, farblos, auch andere Farben
Transparenz:	durchsichtig bis durchscheinend
Strichfarbe:	weiß
Kristallsystem:	rhombisch
Mohshärte:	3,5 - 4
Dichte:	2,95
Chemie:	$CaCO_3$
Vorkommen:	Deutschland, Österreich, Spanien, Sizilien, Namibia, USA u.a.

Heilwirkung:

Im Aragonit ist ein großer Anteil Kalzium enthalten. Dadurch fördert dieser Stein den Kalzium-Stoffwechsel. Dieses Mineral ist wichtig für das Knochengerüst, die Blutgerinnung und die Nervenfasern. Es sorgt außerdem für einen regelmäßigen Herzschlag. Sehr wichtig ist Kalzium auch für die Eisenaufnahme im Körper. All diese Körperbereiche werden durch den Aragonit mit Energie versorgt. Auf der seelischen Ebene wirkt der Aragonit gegen Nervosität und fördert das innere Gleichgewicht.

Astrophyllit

Zuordnungen:

Chakra: Wurzel-Chakra
Westl. Sternzeichen: Skorpion
Chin. Sternzeichen: Schwein
Element: Erde

Eigenschaften:

Farbe:	braun, braunrot
Transparenz:	durchsichtig, durchscheinend
Strichfarbe:	weiß
Kristallsystem:	triklin
Mohshärte:	3,5
Dichte:	3,3 - 3,4
Chemie:	$(K_2,Na_2,Ca)\ (Fe^{2+},Mn)_4\ (Ti,Zr)\ [OH\ 1/2\ Si_2O_7]_2$
Vorkommen:	Norwegen, Kanada, Guinea, USA, Grönland u.a.

Heilwirkung:

Der Astrophyllit wirkt anregend auf den Dickdarm sowie die Stoffwechselvorgänge im Körper. Man kann mit seiner Hilfe auch Verdauungsprobleme lindern. Er vermittelt uns das Gefühl innerer Gelassenheit und hilft uns bei der Suche und Erfüllung unseres wahren Ich.

Aventurin

Zuordnungen:

Chakra: Herz-Chakra
Westl. Sternzeichen: Stier, Krebs, Waage, Schütze, Wassermann
Chin. Sternzeichen: Schlange, Ziege, Hahn, Ratte, Tiger
Element: Erde

Eigenschaften:

Farbe:	graugrün, grün, rotbraun
Transparenz:	durchscheinend, undurchsichtig
Strichfarbe:	weiß
Kristallsystem:	trigonal
Mohshärte:	7
Dichte:	2,65
Chemie:	SiO_2
Vorkommen:	Indien, Brasilien, Spanien, China, Rußland u.a.

Heilwirkung:

Der Aventurin ist ein Stein, der eine starke Auswirkung auf die Haut hat: So wird er z.B. eingesetzt bei Allergien und Hautausschlägen, Ekzemen sowie Akne. Auch bei Sonnenbrand ist seine kühlende Wirkung hilfreich. Bei kleineren betroffenen Hautstellen sollte der Aventurin für einige Minuten in den Mund genommen werden.; danach betupft man die betroffenen Stellen mit dem Stein. Für größere Hautstellen legt man den Aventurin in eine Schale mit Quellwasser, stellt diese am besten nach draußen und läßt ihn über Nacht in dem Wasser; mit diesem Wasser wird dann die Haut behandelt. Auch Probleme im Darmbereich lassen sich hervorragend mit dem Aventurin angehen: Man benutzt ihn z.B. bei Darmbeschwerden, gegen Blähungen, bei Diarrhöe, bei Verstopfung. Seine Wirkung auf den Darm geht noch weiter: Er wirkt auch auf den Fettstoffwechsel und fördert so den Fettabbau. Wenn man sich die seelische Komponente von Haut- und Darmproblemen bewußt macht, wird klar, daß diese Organe uns zeigen, „was uns unter die Haut geht“ und wo wir „loslassen“ sollten. Diese Entsprechung finden wir im seelischen Wirkungsbereich des Aventurin: er beruhigt das Herz, hilft uns die Sorgen zu vergessen und fördert daher einen ruhigen Schlaf.

Azurit

Zuordnungen:

Chakra: Hals-Chakra, Stirn-Chakra
Westl. Sternzeichen: Schütze
Indian. Sternzeichen: Rabe
Chin. Sternzeichen: Ratte
Element: Luft

Eigenschaften:

Farbe:	tiefblau, azurblau
Transparenz:	durchsichtig bis undurchsichtig
Strichfarbe:	hellblau
Kristallsystem:	monoklin
Mohshärte:	3,5 - 4
Dichte:	3,7 - 3,9
Chemie:	$Cu_3[OH½CO_3]_2$
Vorkommen:	Frankreich, Chile, Namibia, Australien, USA, Mexiko u.a.

Besonderheiten:

Bei der Reinigung ist zu beachten, daß der Azurit ein sehr poröser Stein ist.

Heilwirkung:

Der Azurit hat eine sehr starke Wirkung auf die Schilddrüsenfunktion. Außerdem kann man ihn sehr gut bei Grünem Star in die Behandlung mit einbeziehen. Auch bei Entzündungen der Gelenke ist dieser Stein hilfreich. Mit Hilfe des Azurit kann man sein Stirn-Chakra öffnen und stärken. Durch diese Öffnung und Stärkung haben wir nicht nur die Möglichkeit zur Vertiefung der Meditation, sondern können auch die Wahrnehmung unserer Sinne verfeinern. Zusätzlich versetzt er uns in die Lage, uns besser konzentrieren zu können.

Azurit-Malachit

Zuordnungen:

Chakra: Herz-Chakra, Hals-Chakra
Westl. Sternzeichen: Stier
Chin. Sternzeichen: Schlange
Element: Luft, Erde

Eigenschaften:

Farbe:	grün bis azurblau
Transparenz:	undurchsichtig
Strichfarbe:	hellgrau bis hellblau
Kristallsystem:	monoklin
Mohshärte:	3,5 - 4
Dichte:	3,8 - 3,9
Chemie:	$Cu_2 [(OH)_2 \mid CO_3]$
Vorkommen:	USA

Besonderheit:

Bei diesem Stein handelt es sich - wie bereits aus dem Namen ersichtlich - um eine Mischform. Auch der Azurit-Malachit gehört zu den porösen Steinen.

Heilwirkung:

Dieser Stein wirkt stärkend auf unser Immunsystem, ebenso auf Muskeln, Milz, Leber und Nieren. Auch gegen Zysten kann er helfen. Durch seine blaugrüne Farb*(Der Begriff Geode stammt aus dem Griechischen und bezeichnet Gesteinshohlräume, die von Mineralien ausgefüllt sind. Kleine Geoden werden als «Mandeln» bezeichnet.)-schwingung lindert er Schmerzen an Körperstellen, die sich warm oder heiß anfühlen. Im seelischen Bereich löst er das Gefühl innerer Unruhe und hilft uns dadurch bei der Entspannung. Er fördert unser Bewußtsein, erweitert unsere inneren Grenzen und macht uns dadurch frei für persönliches Wachstum.

Baryt

Zuordnungen:

Chakra: Sakral-Chakra, Solarplexus-Chakra, Hals-Chakra

Westl. Sternzeichen: Wassermann

Chin. Sternzeichen: Tiger

Element: Luft

Eigenschaften:

Farbe:	farblos, weiß, grau, gelb, blau, rot, braun, grün
Strichfarbe:	weiß
Transparenz:	durchsichtig, durchscheinend
Kristallsystem:	rhombisch
Mohshärte:	3 - 3,5
Dichte:	4,48
Chemie:	$BaSO_4$
Vorkommen:	Deutschland, Großbritannien, Rußland, Rumänien, Frankreich, USA, Kanada, Mexiko, Algerien u.a.

Heilwirkung:

Einer der Wirkungsbereiche des Baryt liegt im Halsbereich. So kann man ihn einsetzen bei Angina sowie bei entzündeten und geschwollenen Mandeln. Zusätzlich wirkt er auf den Darm, z.B. bei Gefühlen des Aufgetriebenseins. Er steigert die Gehirnleistung und löst dort Ablagerungen auf. So ist er auch für ältere Menschen ein guter Helfer gegen altersbedingte Vergeßlichkeit und Verwirrung. Zudem steigert er die Vitalität und gibt neues Selbstvertrauen.

Bergkristall

Zuordnungen:

Chakra: alle Chakras
Westl. Sternzeichen: alle
Chin. Sternzeichen: alle
Element: Erde (etwas Luft)

Eigenschaften:

Farbe:	farblos
Transparenz:	durchsichtig (Glasglanz)
Strichfarbe:	weiß
Kristallsystem:	trigonal
Mohshärte:	7
Dichte:	2,65
Chemie:	SiO_2
Vorkommen:	Schweiz, Frankreich, Italien, Deutschland, Österreich, USA, Sri Lanka, Brasilien u.a.

Besonderheiten:

Der Bergkristall ist der „Heiler" unter den Heilsteinen, der die Wirkung aller anderen Steine unterstützt und verstärkt sowie auf alle Funktionen des Körpers und der Seele ausgleichend wirkt. Er zählt zu den bekanntesten unter den Heilsteinen. Durch seine reine Energie bringt er alle Energien in Fluß. Mit Hilfe von Bergkristall-Stufen kann man alle anderen Heilsteine wieder aufladen. Wenn ein Bergkristall noch nicht auskristallisiert ist, hat er ein milchiges, oft sogar undurchsichtiges Aussehen. Solche Steine werden als „Milchquarze" bezeichnet. Einen Bergkristall erkennt man im Urzustand immer, bei bearbeiteten Steinen kann aber sehr leicht eine Verwechslung mit anderen durchsichtigen Steinen stattfinden.

Heilwirkung:

Alle Heilwirkungen des Bergkristalls aufzuführen, ist nahezu unmöglich, denn er wirkt auf alle Bereiche. Nachfolgend daher eine kurze stichwortartige Übersicht, bei welchen Störungen Bergkristalle eingesetzt werden.

Augen: stärkend, gegen Entzündungen, bei Ermüdung der Augen durch zu langes Lesen, Autofahren, Computerarbeit, Fernsehen, bei grauem und grünem Star, reinigt die Tränenkanäle – Haut: Akne, Blutungen, Brandwunden, Ekzeme, Entstörung von Narben, Hautallergien, Nesselsucht, Hautausschläge – Rücken und Gelenke: Arthritis (Gelenkentzündung), Arthrose, Ausrichtung (Polarisation) der Wirbelsäule, Bandscheibenbeschwerden, Hüftentzündung, Hexenschuß (Lumbago), Stärkung des Rückens, Verspannungen (Hals/Nacken) – Rückenschmerzen, Wirbelbruch, Bandscheibenvorfall, allgemeine Stärkung der Wirbelsäule, Verletzungen oder Entzündungen im Bereich der Wirbelsäule – Blut: Erweiterung der Blutgefäße, gegen verengte Blutgefäße, Bildung von weißen Blutkörperchen – Darm: Abführend, Verdauung regulierend, bei Darmkrämpfen, Magenfunktion optimierend, Stärkung des Darmtraktes, bei Magenbeschwerden, Magengeschwüren, Magenschmerzen, bei Durchfallerkrankungen (Diarrhöe).

Weitere Einsatzmöglichkeiten sind: Stärkung der Abwehrkräfte, gegen körperliche, seelische oder geistige Erschöpfung, bei Ermüdungserscheinungen an den Gliedmaßen, zur Beruhigung, zur Anregung der Zirbeldrüse, Neubildung von Zellen anregend, um Blockaden im Energiesystem aufzulösen, um die Zirbeldrüse anzuregen, bei gefühllosen oder tauben Körperteilen/-stellen, bei Schwellungen, bei Gleichgewichtsstörungen, um Fieber zu senken, bei Krämpfen oder Krämpfen mit Zuckungen (auch Epilepsie), zur Anregung der Schilddrüsentätigkeit, bei Schwindel, bei Ohnmachtsanfällen, zur Harmonisierung der beiden Gehirnhälften, zur Stärkung der Hirnanhangdrüse (Hypophyse), bei Reisekrankheit, zur Anregung der Stoffwechseltätigkeit, bei psychosomatischen Erkrankungen, zur Ableitung von negativen Energien, zur Reinigung, Kräftigung und zum Schutz der Aura, zur Förderung der Ausdruckskraft, zum Ausgleich seelischer Disharmonien, zur Förderung der Traumaktivität, zum Aktivieren des höheren Bewußtseins, um Verbindung herzustellen zum höheren Selbst, zur Verstärkung von inneren Bildern, zur Hilfe bei der Entspannung, zur Förderung der Persönlichkeitsentwicklung, zur Erweiterung geistiger Grenzen, zur Förderung von Intuition, Telepathie und Hellsichtigkeit, zum Entwicklung medialer Fähigkeiten, um die Verbindung herzustellen zwischen Seele, Geist und Verstand, zum Erkennen von Krankheitsursachen, zur Klärung der Raumatmosphäre, zur Verarbeitung von Schicksalsschlägen, um Wunden der Seele zu heilen, zum Abbau von Röntgenstrahlen, zum Schutz vor negativen Energien, um den Weg zu öffnen zur Selbsterkenntnis, zum Erkennen von Verhaltensmustern, zur Zukunfts- und Vergangenheitsarbeit

Bernstein

Zuordnungen:

Chakra: Solarplexus-Chakra
Westl. Sternzeichen: Zwillinge, Löwe, Jungfrau, Skorpion, Schütze, Steinbock, Wassermann
Chin. Sternzeichen: Pferd, Affe, Hahn, Schwein, Ratte, Büffel, Tiger
Element: Luft (etwas Feuer)

Eigenschaften:

Farbe:	honiggelb, orange, gelbweiß
Transparenz:	durchsichtig bis undurchsichtig
Strichfarbe:	weiß
Kristallsystem:	amorph
Mohshärte:	2 - 2,5
Dichte:	1 - 1,1
Chemie:	$C_{12}H_{20}O$
Vorkommen:	Deutschland, Rumänien, Italien, Großbritannien, Burma u.a.

Besonderheiten:

Auch der Bernstein zählt zu den weltweit bekanntesten Heilsteinen. Ursprünglich entstand der Bernstein aus Harz, das im Laufe der Zeit versteinert ist. So kann man in manchen Bernsteinen oft Einschlüsse erkennen, z.B. kleine Blätter, Äste oder gar Insekten. Nimmt man einen Bernstein in die Hand, so fühlt er sich im Vergleich zu anderen Steinen leicht und warm an.

Heilwirkung:

Bernstein wirkt sehr gut bei den verschiedensten Hauterkrankungen: So setzt man ihn ein z.B. bei Abszessen, Furunkeln und Ekzemen, Aphthen (Bläschenbildung im Mund), Hautausschlägen, Psoriasis (Schuppenflechte), Gürtelrose, Allergien, Angina, sogar bei Warzen. Zur Haut gehört auch die Kopfhaut: Hier hat sich der Bernstein bei Haarflechten und Schuppen bewährt. – Auch auf die Atemwege hat er eine heilende Wirkung: Man benutzt ihn zur Stärkung der Lunge, bei Mandelentzündungen, Husten, Keuchhusten, Lungenerkrankungen (auch Lungenentzündung), Pseudokrupp,

Asthma, Bronchialasthma, chronischer Bronchitis. - Bekannt ist der Bernstein als Hilfe für zahnende Kleinkinder: Dadurch, daß die Zähne das Zahnfleisch durchbohren müssen, entstehen schmerzhafte Entzündungen, die durch den Einsatz des Steines gelindert werden. Dies gilt auch für Zahnfleischentzündungen bei Erwachsenen.
Allgemein fördert der Bernstein den Heilungsprozeß aller Wunden. Weiterhin setzt man ihn ein z.B. bei rheumatischen Erkrankungen, Sehnen- und Gelenkentzündungen, Schulter- und Nackenverspannungen, Problemen und Erkrankungen der Wirbelsäule, Hexenschuß, Hüftentzündung. Auch auf Leber, Niere, Galle, Milz und Verdauung hat der Bernstein eine heilende Wirkung. Durch seine wärmende Energie wirkt der Bernstein stimmungsaufhellend und beruhigend, nimmt Ängste und Depressionen. Durch seine Energie verhilft er uns zu mehr Selbstvertrauen und läßt uns etwas sorgloser an am Leben teilnehmen. So verschwinden oft auch streßbedingte Kopfschmerzen (auch Migräne).

Beryll (Mineralgruppe)

Zuordnungen:

Chakra: Stirn-Chakra
Westl. Sternzeichen: Zwillinge
Chin. Sternzeichen: Pferd
Element: Luft (je nach Art auch etwas Wasser bzw. Erde)

Eigenschaften:

Farbe:	farblos, weiß, gelbweiß, gelbgrün, rosig, bläulich
Transparenz:	durchsichtig bis undurchsichtig
Strichfarbe:	weiß
Kristallsystem:	hexagonal
Mohshärte:	7,5 - 8
Dichte:	2,67 - 2,80
Chemie:	$Al_2\ Be_3\ [Si_6O_{18}]$
Vorkommen:	Deutschland, USA, Frankreich, Norwegen, Australien u.a.

Besonderheiten:

Die Berylle bilden eine eigene Mineraliengruppe, die verschiedene Varietäten bildet. Alle Steine der Beryll-Gruppe zeigen eine Wirkung bei Augenproblemen. Weitere Steine der Beryll-Gruppe sind (siehe dort): Aquamarin, Chrysoberyll, Heliodor, Morganit, Smaragd. Berylle sollte man mit Hämatit aufladen.

Heilwirkung:

Der Beryll wird eingesetzt bei Augenproblemen und Kurzsichtigkeit. Er wirkt ebenso auf geschwollene Drüsen, auf die Nieren, die Leber, den Magen, vor allem bei Sodbrennen und Aufstoßen. Er fördert die Entgiftung des Körpers. Sogar Nierensteine lassen sich durch den Beryll verkleinern, manchmal sogar auflösen. – Der Beryll steigert die Antriebskraft und macht uns so widerstandsfähiger gegen Streß. Zusätzlich wirkt er ausgleichend auf die Nerven bei vorhandenen Streßerscheinungen. Besser ist natürlich das Vorbeugen: Wenn Sie wissen, daß Sie an einem Tag sehr viel Streß erwartet oder sich allgemein erschöpft fühlen und der nächste Urlaub noch in weiter Ferne liegt: Tragen Sie über einen längeren Zeitraum Berylle. Seine beruhigende und ausgleichende Wirkung macht den Beryll auch zu einem sehr guten Stein für Meditationszwecke.

Biotit

Zuordnungen:

Chakra: alle Chakras
Westl. Sternzeichen: Skorpion
Chin. Sternzeichen: Schwein
Element: Erde

Eigenschaften:

Farbe:	dunkelbraun, braungrün, braunschwarz, bronzefarben
Transparenz:	durchsichtig bis durchscheinend
Strichfarbe:	weiß
Kristallsystem:	monoklin
Mohshärte:	2,5 - 3
Dichte:	2,8 - 3,2
Chemie:	$K (Mg,Fe^{2+})_3 [(OH)_2 \mid (Al,Fe^{3+}) Si_3O_{10}]$
Vorkommen:	Norwegen, Italien, Schweden, USA, Österreich, Großbritannien u.a.

Besonderheiten:

Der Biotit ist in zwei Formen auf dem Markt erhältlich: zum einen als Rohstein, zum anderen als sogenannte „Biotit-Linse". Bei dem Biotit handelt es sich um einen porösen Stein.

Heilwirkung:

Der Biotit hat eine entgiftende Wirkung. Daher kann man ihn z.B. gut bei Nierenleiden, Wassereinlagerungen (Ödemen) und Gichterkrankungen einsetzen. Darüber hinaus wirkt er abführend und hilft auch auf dieser Ebene gut bei der Entgiftung des Darms. Auch bei Rheumaerkrankungen hat er sich bewährt. – Er wirkt lockernd bei Gewebeverhärtungen. Bei Ischiasproblemen sollte man sich auf den Bauch legen und einen Stein auf der schmerzenden Stelle plazieren. Ebenso hat er eine regenerierende Wirkung auf die Atemwege und die Bronchien. – Er stärkt den Muttermund und hilft bei der Geburt. – Der Biotit wirkt harmonisierend auf den Astralkörper, den Ätherkörper und den Emotionalkörper. Er durchdringt alle Schichten unseres Seins. Daher ist er sehr zur Entspannung und Aktivierung des höheren Bewußtseins geeignet.

Blauquarz

Zuordnungen:

Chakra:	Sakral-Chakra, Herz-Chakra, Hals-Chakra
Element:	Wasser

Eigenschaften:

Farbe:	bläuliche Färbung
Transparenz:	durchsichtig, durchscheinend
Strichfarbe:	weiß
Kristallsystem:	trigonal
Mohshärte:	7
Dichte:	2,65
Chemie:	SiO_2
Vorkommen:	Österreich, USA, Skandinavien, Südafrika, Brasilien

Besonderheit

Der Blauquarz ist eine Bergkristall-Varietät.

Heilwirkung:

Durch seine kühlende Farbschwingung wirkt er fiebersenkend und hat daher auch eine positive Wirkung auf alle schmerzhaften und entzündlichen Prozesse. Zudem stärkt er das Immunsystem. Er harmonisiert Luftröhre, Bronchien und Lungenfunktion. Gleichermaßen kann man ihn bei chronischen Verspannungen einsetzen. Er vermittelt uns das Gefühl der inneren Ruhe und Gelassenheit und hilft so auch, die Streßbelastbarkeit zu verbessern.

Blautopas

Zuordnungen:

Chakra: Hals-Chakra
Westl. Sternzeichen: Jungfrau, Schütze, Wassermann
Chin. Sternzeichen: Hahn, Ratte, Büffel
Element: Luft

Eigenschaften:

Farbe:	hellblau
Transparenz:	durchsichtig bis durchscheinend
Strichfarbe:	weiß
Kristallsystem:	rhombisch
Mohshärte:	8
Dichte:	3,5 - 3,6
Chemie:	$Al_2 FE_2 I SiO_4$
Vorkommen:	Norwegen, Pakistan, Rußland, Mexiko, Namibia, Japan, Sri Lanka u.a.

Heilwirkung:

Der Blautopas hat eine große Wirkung auf den Augenbereich und dortige Probleme. So setzt man ihn ein bei Bindehautentzündungen und Grauem Star. Er regt die Zirbeldrüse an, die für unser Immunsystem zuständig ist und stärkt auf diesem Weg unsere Abwehrkräfte. Ebenso wirkt er auf Probleme im Bereich des Hals-Chakra: Bei Keuchhusten, Mumps, Sprachstörungen (z.B. Stottern) sowie bei Stimmbandproblemen ist er hilfreich. Auch zur Stärkung des Gehörs ist der Blautopas geeignet.

Boji-Stein (Pop Rock)

Zuordnungen:

Chakra: alle Chakras
Westl. Sternzeichen: Stier, Löwe, Skorpion, Wassermann
Chin. Sternzeichen: Schlange, Affe, Schwein, Tiger
Element: Ede

Eigenschaften:

Farbe:	dunkelgrau, rostbraun
Transparenz:	opak
Strichfarbe:	braun bis schwarz
Kristallsystem:	kubisch (Mantel = rhombisch)
Mohshärte:	5 - 6
Dichte:	5
Chemie:	FeS_2
Vorkommen:	USA

Besonderheiten:

Bei den Boji-Steinen gibt es sogenannte „männliche" und „weibliche" Steine. Sie unterscheiden sich schon durch ihr Erscheinungsbild: die männlichen Steine wirken in ihrer Struktur grober als die weiblichen.

Heilwirkung:

Durch den Einsatz von Boji-Steinen können im Körper manifestierte Energieblockaden aufgelöst werden. Diese Wirkung bleibt nicht an der Körperoberfläche, sondern geht bis hin zur Regeneration von Körpergewebe. Dadurch werden die Selbstheilungskräfte des Körpers angeregt und Krankheitsneigungen wird vorgebeugt. Die Widerstandskraft gegen Erkrankungen wird gesteigert. – Der Boji-Stein verbindet uns mit der Erde. Menschen, die dazu neigen „abzuheben", werden durch den Einsatz dieser Steine auf sanfte Weise wieder „auf den Boden der Tatsachen" zurückgeführt und können die Schwingungen der Natur wahrnehmen. Boji-Steine helfen uns dabei, die „Füße auf dem Boden zu behalten" und dennoch „den Kopf in den Himmel zu heben": Sie fördern spirituelles Wachstum, indem sie unser Unterbewußtsein stärken und zum Teil sogar telepathische Fähigkeiten wecken.

Borax

Zuordnungen:

Chakra: Hals-Chakra
Element: Luft

Eigenschaften:

Farbe:	farblos, weiß, grau, gelblich
Transparenz:	durchsichtig bis opak
Strichfarbe:	weiß
Kristallsystem:	monoklin
Mohshärte:	2 - 2,5
Dichte:	1,7 - 1,8
Chemie:	$Na_2 [B_4O_5 (OH)_4] . 8 H_2O$
Vorkommen:	China, USA, Chile, Argentinien u.a.

Heilwirkung:

Borax wird eingesetzt bei Hautproblemen mit Ausschlägen wie z.B. Psoriasis. Auch bei trockenem Husten zeigt er seine Wirkung. Bei überhöhter Geräuschempfindlichkeit kann man ihn ebenso gut einsetzen. Auch bei Stichen in der Brust ist Borax hilfreich. Viele Menschen haben Angst, ja manchen wird sogar schwindelig, wenn sie mit dem Fahrstuhl oder der Rolltreppe abwärts fahren müssen. Hier ist Borax ein ausgezeichneter Helfer, der diese Symptome lindert. Er fördert unsere Selbstkontrolle und Selbstbeherrschung.

Bornit (Buntkupferkies)

Zuordnungen:

Chakra: Sakral-Chakra,
Solarplexus-Chakra
Westl. Sternzeichen: Krebs
Chin. Sternzeichen: Ziege
Element: Erde

Eigenschaften:

Farbe:	bronze-braun, kupferrot, oft bunte Anlauffärbung
Transparenz:	opak
Strichfarbe:	grauschwarz
Kristallsystem:	tetragonal
Mohshärte:	3
Dichte:	4,9 - 5,3
Chemie:	$Cu_5 FeS_4$
Vorkommen:	Deutschland, Schweden, Großbritannien, USA, Namibia u.a.

Heilwirkung:

Bornit ist außerordentlich gut zur Entgiftung und Entsäuerung des Körpers geeignet. Er gleicht den Mineralstoffhaushalt aus und regt den Zellstoffwechsel an, was sich deutlich in einem gesteigerten Lebensgefühl bemerkbar macht. Darüber hinaus wirkt er positiv auf die Knochensubstanz.

Bronzit

Zuordnungen:

Chakra: Sakral-Chakra
Westl. Sternzeichen: Löwe
Chin. Sternzeichen: Affe
Element: Erde

Eigenschaften:

Farbe:	braun, bronzebraun, graugrün
Transparenz:	durchscheinend bis undurchsichtig
Strichfarbe:	weiß
Kristallsystem:	rhombisch
Mohshärte:	5 - 6
Dichte:	3,2 - 3,4
Chemie:	$(Mg,Fe)_2\ [Si_2O_6]$
Vorkommen:	Deutschland, Österreich, Südafrika, Schweiz, Italien, USA u.a.

Heilwirkung:

Der Bronzit wirkt schmerzlindernd und krampflösend. Er stärkt unsere Nerven und verhilft uns so zu innerer Ruhe. Auch hilft er uns beim Abschalten von Problemen und fördert so die Erholung.

Calcit

Zuordnungen:

Chakra: Sakral-Chakra, Solarplexus-Chakra, Herz-Chakra (je nach Farbe)
Westl. Sternzeichen: Zwillinge, Steinbock
Chin. Sternzeichen: Pferd, Büffel
Element: grün: Erde; rot: Feuer; blau, gelb, rosa: Luft

Eigenschaften:

Farbe:	farblos, weiß, gelb, braun, rötlich, bläulich bis schwarz
Transparenz:	durchsichtig bis durchscheinend
Strichfarbe:	weiß
Kristallsystem:	trigonal
Mohshärte:	3
Dichte:	2,6 - 2,8
Chemie:	Ca [CO_3]
Vorkommen:	Rumänien, Großbritannien, Mexiko, USA, Island u.a.

Heilwirkung:

Wie der Name des Steines bereits vermuten läßt, ist ein sehr hoher Anteil an Kalzium in ihm enthalten. Kalzium ist für unseren Körper unverzichtbar, es ist ein Mineral, das in unserem Körper mengenmäßig am meisten vertreten ist. Es wird z.B. für die Blutgerinnung benötigt, für die Entwicklung (und damit auch den Fortbestand) der Nervenfasern, für einen regelmäßigen Herzschlag. Es spielt außerdem eine wichtige Rolle bei der Verwertung von Eisen. Der Calcit wirkt dementsprechend: gleich ob Frakturen (Knochenbrüche), Osteoporose, Arthritis, Rückenprobleme, Bandscheibenprobleme, Bänderdehnung, Zerrungen oder Bänderrisse, Sehnenentzündungen, Gelenkbeschwerden oder Entzündungen an/in den Gelenken, Verstauchungen, Dickdarmerkrankungen, Knochenmarkerkrankungen, aber auch Herzbeschwerden und Probleme mit Pilzen an Haut oder Nägeln oder bei brüchigen Nägeln - all diese Bereiche werden durch den Calcit mit neuer Energie versorgt. Zusätzlich werden durch den Calcit unser Immunsystem, unsere Antriebskraft und das Gedächtnis gestärkt, der Blutdruck wird ausgeglichen, Kalkmangel und Karies wird vorgebeugt. Auch Verbrennungen heilen schneller ab. - Auf der seelischen Ebene sorgt der

Calcit für das innere Gleichgewicht. Er gibt uns Selbstvertrauen und fördert unsere Tatkraft. Auch stärkt er unsere Möglichkeiten für persönliches Wachstum und bringt uns so der Weisheit ein Stück näher.

Chalcedon

Zuordnungen:

Chakra: Hals-Chakra
Westl. Sternzeichen: Zwillinge, Krebs, Jungfrau, Schütze, Steinbock
Chin. Sternzeichen: Pferd, Ziege, Hahn, Ratte, Büffel
Element: Luft, (etwas: Wasser; weiß: Wasser)

Eigenschaften:

Farbe:	grau, graublau, graugrün, grauweiß
Transparenz:	durchscheinend
Strichfarbe:	weiß
Kristallsystem:	trigonal
Mohshärte:	6 - 7
Dichte:	2,59 - 2,61
Chemie:	$SiO_2 + H_2O$
Vorkommen:	Deutschland, Italien, Uruguay, Brasilien, Indien, Neuseeland, Sri Lanka, Namibia u.a.

Heilwirkung:

Da dieser Stein eine große Wirkung das Hals-Chakra hat, wird er generell für alle Erkrankungen und Störungen in diesem Bereich eingesetzt. So wirkt er auf Atemwegserkrankungen wie Angina, bei Bronchitis (sowohl akut wie auch chronisch), Heiserkeit, Halsschmerzen, auf Pharyngitis (Rachenentzündung) Kehlkopfentzündungen, auf die Schilddrüse und Erkrankungen in diesem Bereich (auch Über- oder Unterfunktion), aber auch – durch seine Eigenschaft zur Steigerung der Redefähigkeit – bei Sprachhemmung oder Stottern. Durch seine blockadenlösende Wirkung im Halsbereich trägt dieser Stein auch den Beinamen „Rednerstein". – Auch für den Augenbereich ist der

Chalcedon sehr gut geeignet, hier setzt man ihn ein bei Augenleiden oder dem Grünen Star. - Aber er hat noch weitere Einsatzmöglichkeiten, z.B. wirkt er auf die Drüsen. Man sagt ihm nach, daß er den Milchfluß bei stillenden Müttern fördert, aber im Gegenzug wird er auch bei Brustdrüsenentzündungen (Mastitis) benutzt. Auch bei Brustkrebs soll er Einfluß auf die Zellen nehmen. Bei allen Störungen im Bereich der Hormondrüsen kann man diesen Stein einsetzen. Er reguliert die Hormonzyklen. Durch seine Wirkung auf alle inneren Drüsen und die Stoffwechseltätigkeit ist dieser Stein auch für Diabetiker sehr gut geeignet, da er den Blutzuckerspiegel reguliert. - Wunden werden durch den Einsatz des Chalcedon schneller aufhören zu bluten und schneller abheilen. Er hilft bei Reisekrankheit und Wetterfühligkeit hilft er, auch auf den Fluß der Lymphe; er wird eingesetzt bei Bettnässern, aber ebenso gegen Epilepsie. Er lindert den Brechreiz. - Zur Unterstützung von Diäten ist dieser Stein ebenfalls sehr gut geeignet, er reduziert das Hungergefühl, hemmt die Nährstoffaufnahme, löst Wassereinlagerungen (Ödeme) auf, reguliert die Körperflüssigkeiten und hilft dadurch dem Körper, Giftstoffe auszuscheiden. - Der Chalcedon hilft bei der Abgrenzung gegenüber seelischen Belastungen und fördert so die Entspannung und beruhigt. Innere Unruhe verschwindet. Er steigert die Belastbarkeit. Er baut nicht nur Aggressionen ab, darüber hinaus erleichtert er uns den Umgang mit den Aggressionen anderer, macht uns unsere eigenen, oft unterdrückten Aggressionen aber auch bewußt. Auch bei Jähzorn wirkt der Chalcedon ausgleichend und beruhigend. Er hilft bei der Verarbeitung von seelischen Traumata und gibt uns das Vertrauen und das Gefühl der Lebendigkeit zurück.

Chalkopyrit

Zuordnungen:

Chakra: Stirn-Chakra
Westl. Sternzeichen: Steinbock
Chin. Sternzeichen: Büffel
Element: Luft (etwas Erde)

Eigenschaften:

Farbe:	messing-gelb, goldgelb
Transparenz:	undurchsichtig, opak
Strichfarbe:	grünschwarz
Kristallsystem:	tetragonal
Mohshärte:	3,5 - 4
Dichte:	4,1 - 4,3
Chemie:	$CuFeS_2$
Vorkommen:	Spanien, Großbritannien, Rußland, Polen, Ungarn, Kanada, USA u.a.

Heilwirkung:

Der Chalkopyrit ist ein Stein, der in erster Linie im seelischen Bereich wirksam ist. Er fördert unser systematisches Denken, regt eine gesunde Neugier an und wirkt so gegen apathische Zustände. Wir können mit Hilfe des Chalkopyrit unsere Beobachtungsgabe verbessern und sind bei längerzeitigem Einsatz dieses Steines sogar in der Lage, die Ursachen zu erkennen für in uns vorhandene Krankheiten sowie einen Weg, der zur Auflösung dieser Krankheiten führt. Auch auf der körperlichen Ebene hat er eine Entsprechung in diesem Sinne: er fördert die innere Reinigung und hilft bei der Ausscheidung von Giftstoffen.

Charoit

Zuordnungen:

Chakra: Stirn-Chakra
Westl. Sternzeichen: Skorpion, Schütze
Chin. Sternzeichen: Schwein, Ratte
Element: Luft

Eigenschaften:

Farbe:	fliederfarben bis violett
Transparenz:	durchscheinend bis undurchsichtig
Strichfarbe:	weiß
Kristallsystem:	monoklin
Mohshärte:	5 - 6
Dichte:	2,54 - 2,78
Chemie:	$(Ca\ Na)_4\ (K\ Sr\ Ba)_2$
Vorkommen:	Rußland

Heilwirkung:

Dieser Stein stärkt unser Immunsystem und wirkt positiv auf unseren Stoffwechsel und die Zellen. So kann man mit ihm bösartigen Zellveränderungen vorbeugen. Er lindert Schmerzen. Der Charoit verschafft uns einen ruhigen, tiefen und erholsamen Schlaf. Er fördert unsere Intuition, auch im Traum, und hilft uns dabei, daß wir uns an die Träume erinnern. Im seelischen Bereich wirkt er ausgleichend auf unser Befinden und stärkt die Nerven. Er hilft uns, mit den Sorgen des Alltags umzugehen und den Streß besser zu verarbeiten.

Chiastolith

(Kreuzstein)

Zuordnungen:

Chakra: Wurzel-Chakra,
Solarplexus-Chakra

Westl. Sternzeichen: Waage

Chin. Sternzeichen: Hund

Element: Erde

Eigenschaften:

Farbe:	gelb, bräunlich bis schwarz
Transparenz:	undurchsichtig
Strichfarbe:	weiß
Kristallsystem:	rhombisch
Mohshärte:	5 - 5,5
Dichte:	3,1 - 3,2
Chemie:	$Al^{[6]} Al^{[5]} [O \mid SiO_4]$
Vorkommen:	Deutschland, Spanien, Frankreich, Algerien, Bolivien, Chile u.a.

Heilwirkung:

Hier haben wir einen Stein vor uns, der sicher von jedem einmal benötigt wird: Bei Erschöpfung oder Ermüdungserscheinungen hilft er uns, unsere inneren Reserven zu mobilisieren. - Er wirkt stärkend auf das Bindegewebe. Ein weiterer Einsatzbereich sind rheumatische Erkrankungen. - Der Chiastolith stärkt unser Identitätsgefühl und wirkt so durch die Steigerung des Selbstwertes gegen alle Arten der Angst.

Chrysoberyll

Zuordnungen:

Chakra: Wurzel-Chakra, Sakral-Chakra, Solarplexus-Chakra
Westl. Sternzeichen: Löwe
Chin. Sternzeichen: Affe
Element: Erde

Eigenschaften:

Farbe:	gelb, hellgrün, smaragdgrün, dunkelgrün, braungrün
Transparenz:	durchsichtig, durchscheinend
Strichfarbe:	weiß
Kristallsystem:	rhombisch
Mohshärte:	8,5
Dichte:	3,7
Chemie:	$BeAl_2O_4$
Vorkommen:	Schweiz, Italien, Skandinavien, Kanada, USA, Ghana, Zaire, Simbabwe, Indien, Australien, Sri Lanka u.a.

Heilwirkung:

Auch hier haben wir einen Stein der Beryll-Gruppe vor uns, der demzufolge auch bei Augenerkrankungen hilfreich eingesetzt werden kann. Ein weiterer Anwendungsbereich ist die Stärkung von Herz und Atemwegen. Auch bei der Auflösung von Arterienverhärtungen ist er hilfreich. Ebenso kann man ihn gegen geschwollene Drüsen benutzen. Durch seine Wirkung auf die Leber hilft er dem Körper bei der Entgiftung. – Er fördert das logische Denkvermögen und hilft uns auf diesem Weg, mit Ängsten besser umzugehen. Damit wirkt er auf diese Weise auch gegen Alpträume. Mit Hilfe des Chrysoberyll können wir unsere Selbstdisziplin fördern.

Chrysokoll

Zuordnungen:

Chakra: Herz-Chakra, Hals-Chakra
Westl. Sternzeichen: Stier, Krebs, Waage, Schütze, Wassermann
Chin. Sternzeichen: Schlange, Hund, Ratte, Tiger
Element: Luft (etwas Erde)

Eigenschaften:

Farbe:	grün, blaugrün bis blau
Transparenz:	durchscheinend, opak
Strichfarbe:	hellgrün
Kristallsystem:	amorph
Mohshärte:	2 - 4
Dichte:	2 - 2,2
Chemie:	$CuSiO_3 . n H_2O$
Vorkommen:	Deutschland, Großbritannien, Rußland, Mexiko, Chile, Zaire, Peru, Chile u.a.

Besonderheiten:

Der Chrysokoll gehört zu den porösen Steinen.

Heilwirkung:

Dieser Stein hat durch seine Zusammensetzung und Farbe eine heilende Wirkung. So lindert er Brandwunden und Entzündungen, wirkt fiebersenkend. Auch bei unregelmäßiger Periode, Krämpfen oder Schmerzen (auch Rückenschmerzen) während dieser Zeit ist er sehr gut geeignet. Man sagt ihm nach, daß er Fehlgeburten verhindern kann. – Bei Erkrankungen der Schilddrüse und Schilddrüsenproblemen, Hals- und Mandelentzündung, Heiserkeit, Problemen an der Luftröhre oder Infektionen im Halsbereich ist der Chrysokoll ebenfalls sehr hilfreich. Auch bei Husten oder Pseudokrupp ist er empfehlenswert. – Bei Arthritis (Gelenkentzündung), Rheumatismus, bei Kalkablagerungen in den Gelenken, bei Schulter- und Nackenverspannungen, zur Förderung der Darmmotorik, bei Geschwüren am Verdauungstrakt, nervösen Verdauungsbeschwerden, Netzhautproblemen, bei allen festsitzenden

Entzündungen, wird dieser Stein unter anderem eingesetzt. – Eine weitere Auswirkung hat er auf unser Haar: hier soll er nicht nur für gesundes und kräftiges Haar sorgen, sondern sogar vorzeitigem Ergrauen vorbeugen. Zudem sorgt er für eine bessere Pigmentierung der Haut. Auch bei Schweißausbrüchen oder Nachtschweiß ist der Chrysokoll mit seiner kühlenden Wirkung sehr gut geeignet. – Der Chrysokoll fördert die Entspannung, hilft uns dabei, unsere Gefühle wieder wahrzunehmen und gleicht seelische Disharmonien aus. Durch seine Wirkung auf das Unterbewußtsein klärt er unbewußte Dinge, fördert die Reife der Persönlichkeit und nimmt uns dadurch Ängste. So hilft er uns auch beim Abbau von Schuldgefühlen. Durch ihn können wir die Konsequenzen unseres Handelns erkennen lernen.

Chrysopras

Zuordnungen:

Chakra: Herz-Chakra, Sakral-Chakra
Westl. Sternzeichen: Krebs
Chin. Sternzeichen: Ziege
Element: Erde

Eigenschaften:

Farbe:	smaragdgrün bis apfelgrün
Transparenz:	durchscheinend
Strichfarbe:	weiß
Kristallsystem:	trigonal
Mohshärte:	6 – 7
Dichte:	2,58 – 2,64
Chemie:	SiO_2
Vorkommen:	Polen, Rußland, USA, Brasilien, Südafrika, Tansania, Simbabwe, Kasachstan u.a.

Heilwirkung:

Dieser Stein ist äußerst vielseitig anwendbar. Er wirkt auf alle Drüsen und reguliert so Drüsenfehlfunktionen und deren Erkrankungen. Er hilft bei Hautkrankheiten und Pilzerkrankungen der Haut, sogar bei Neurodermitis. Narbenbeschwerden werden durch seine Wirkung gelindert. Zusätzlich wird er eingesetzt bei akuter Bronchitis – Der Chrysopras wirkt regulierend auf die Herztätigkeit und hat sich auch bei Problemen mit dem Blutdruck bewährt. Er stärkt das Immunsystem und schützt uns so vor Infektionen. – Durch seine Wirkung auf die Geschlechtsorgane (sowohl bei Männern wie bei Frauen) vermag er hier sitzende Blockaden aufzulösen. Auch bei Hitzewallungen in den Wechseljahren ist er durch seine Schwingung sehr gut einsetzbar. – Bei immer wiederkehrenden Alpträumen sollte man einen Chrysopras für längere Zeit bei sich tragen und ihn auch nachts unter das Kopfkissen legen. Bei Erschöpfungszuständen gibt uns der Chrysopras neuen Schwung und Energie. Er steigert das Selbstvertrauen und hilft uns, unsere inneren Anlagen zu erkennen und in die Realität umzusetzen. So nimmt er uns auch Gefühle der Hoffnungslosigkeit und verwandelt diese in Zufriedenheit.

Citrin

Zuordnungen:

Chakra: Solarplexus-Chakra, Hals-Chakra
Westl. Sternzeichen: Stier, Zwillinge, Löwe, Jungfrau, Skorpion, Steinbock
Chin. Sternzeichen: Schlange, Pferd, Affe, Hahn, Schwein, Büffel
Element: gelb, braun: Erde; weiß: Luft

Eigenschaften:

Farbe:	hell bis goldgelb
Transparenz:	durchsichtig bis durchscheinend
Strichfarbe:	weiß
Kristallsystem:	trigonal
Mohshärte:	7
Dichte:	2,65
Chemie:	SiO_2
Vorkommen:	Brasilien, USA, Spanien, Madagaskar, Frankreich, Namibia, Rußland, Birma u.a.

Besonderheiten:

Viele der im Handel angebotenen Citrine sind gebrannte Amethyste (bei 470⁰ C bis 560⁰ C) oder Rauchquarze (ab 200⁰ C). Fast alle gebrannten Citrine zeigen einen Stich ins Rötliche. Die natürlichen Citrine sind überwiegend blaßgelb.

Heilwirkung:

Der Citrin wirkt auf den Magen- und Darmbereich: Bei Blähungen, Völlegefühl, Magenkrämpfen, bei Krankheiten am Magen-Darm-Trakt, Gastritis (Magenschleimhautentzündung) wird er eingesetzt. Er wirkt auf die Bauchspeicheldrüse und ist ein sehr guter Stein bei Diabetes. Außerdem senkt er den Cholesterinspiegel und hilft dem Körper bei der Entgiftung und Reinigung. Er wirkt gegen Hautunreinheiten und sogar gegen Flechten im Kopfhautbereich. – Zur Unterstützung von Diäten ist der Citrin sehr gut geeignet, da er dem Körper bei der Ausscheidung von Giftstoffen hilft. Er löst Blockaden im Energiesystem, wirkt stimmungsaufhellend und wirkt so auch gegen Depressionen. – Der Citrin mit seiner warmen Ausstrahlung wirkt gegen Kälteempfindlichkeit. Noch eine Besonderheit: Bei Entkräftung und Kräftezerfall (Marasmus) nimmt er uns die Müdigkeit, gibt uns Selbstvertrauen, neuen Lebensmut und neue Lebensenergie. Durch seine aufbauende Wirkung auf die Nerven hilft er auch gegen Nervosität. Auch Selbstmitleid, selbstzerstörerische Tendenzen, ja sogar Selbstmordgedanken verschwinden durch den Einsatz eines Citrin. Er harmonisiert das Solarplexus-Chakra.

Coelestin

(auch: Celestin, Celestit)

Zuordnungen:

Chakra: Hals-Chakra
Westl. Sternzeichen: Zwillinge, Wassermann
Chin. Sternzeichen: Pferd, Tiger
Element: Wasser (etwas Luft)

Eigenschaften:

Farbe:	farblos, weiß, blau, gelb, rot
Transparenz:	durchsichtig, durchscheinend
Strichfarbe:	weiß
Kristallsystem:	rhombisch
Mohshärte:	3 - 3,5
Dichte:	3,9 - 4
Chemie:	Sr $[SO_4]$
Vorkommen:	Deutschland, Polen, Großbritannien, Italien, Libyen, Madagaskar u.a.

Besonderheiten:

Auf Hämatit-Steinen laden

Heilwirkung:

Der Coelestin wirkt auf den Hals- und Brustbereich. Nach Hals-, Schilddrüsen- und Mandeloperationen fördert er die schnelle Heilung. Außerdem setzt man ihn ein bei Erstickungsgefühlen und (Atem-) Beklemmungen. Ebenso wirkt er auf Gewebe, Gefäße und Knochen. Bei körperlicher Erschöpfung und Müdigkeit erlangen wir durch den Coelestin neue Energie. – Ein wichtiger Einsatzbereich des Coelestin finden wir im Bereich der Muskeln: er steigert unsere Kraft und löst selbst chronische Muskelverspannungen, bei Verhärtungen in diesen Bereichen auf. – Wenn jemand durch Streß oder Belastungen des Alltags sehr überreizt ist, gibt der Coelestin ihm schnell innere Ruhe. Er weckt unseren Optimismus und fördert unsere Tatkraft.

Covellin

Zuordnungen:

Chakra: Wurzel-Chakra, Herz-Chakra
Westl. Sternzeichen: Schütze
Chin. Sternzeichen: Ratte
Element: Luft (etwas Erde)

Eigenschaften:

Farbe:	indigoblau
Transparenz:	opak
Strichfarbe:	grau bis grauschwarz
Kristallsystem:	hexagonal
Mohshärte:	1,5 - 2
Dichte:	4,68
Chemie:	Cu_2S
Vorkommen:	USA, Chile, Bolivien u.a.

Heilwirkung:

Dieser Stein entgiftet unseren Körper. Dabei geht diese Wirkung bis tief in die inneren Hautschichten. So ist er auch hilfreich gegen Zellulitis. Er wirkt ebenso im Magenbereich und regt die Verdauung an. – Auf der seelischen Ebene lernen wir von dem Covellin, uns selbst so anzunehmen, wie wir sind, und auch der Außenwelt gegenüber zu uns zu stehen. So brauchen wir bestimmte Verhaltensmuster für die Zukunft nicht mehr: wir können z.B. unsere natürlichen Grenzen erkennen und akzeptieren, dadurch sind wir nicht mehr gezwungen, uns selbst zu überfordern. Gleichzeitig wächst die Toleranz und Akzeptanz anderen gegenüber. – Ein weiterer wichtiger Einsatzbereich des Covellins ist seine Wirkung bei Magersucht: auch hier ermöglicht er den Betroffenen, sich selbst so anzunehmen, wie es ihre Natur ist und bereitet so den Weg für hilfreiche seelische Prozesse.

Creedit

Zuordnungen:

Chakra: Solarplexus-Chakra
Westl. Sternzeichen: Jungfrau
Chin. Sternzeichen: Hahn
Element: Luft

Eigenschaften:

Farbe:	farblos, weiß, rosa
Transparenz:	durchscheinend
Strichfarbe:	weiß
Kristallsystem:	monoklin
Mohshärte:	4
Dichte:	2,7
Chemie:	Ca_3Al_2
Vorkommen:	Griechenland, USA, Mexiko, Bolivien u.a.

Besonderheiten:

Der Creedit ist ein recht seltener Stein, der demzufolge nicht einfach zu bekommen ist. Dementsprechend hoch liegt sein Preis. Seine Heilwirkung ist bisher noch wenig erforscht.

Heilwirkung:

Creedit wirkt anregend auf die Leberfunktion. Auch steigert er die Zellteilung und fördert das Gewebewachstum.

Cuprit

Zuordnungen:

Chakra: Herz-Chakra
Westl. Sternzeichen: Stier, Jungfrau, Steinbock
Chin. Sternzeichen: Schlange, Hahn, Büffel
Element: Erde (etwas Feuer)

Eigenschaften:

Farbe:	rotbraun, rot, bleiern bis schwarz
Transparenz:	durchscheinend bis durchsichtig
Strichfarbe:	rotbraun
Kristallsystem:	kubisch
Mohshärte:	3,5 – 4
Dichte:	5,85 – 6,15
Chemie:	Cu_2O
Vorkommen:	Deutschland, Frankreich, Namibia, USA u.a.

Heilwirkung:

Der Cuprit hilft uns sowohl bei der Blutbildung als auch bei der Reinigung unseres Blutes. Er fördert die Sauerstoffaufnahme der Zellen und stärkt so das Immunsystem. Dadurch werden wir weniger anfällig für Krankheiten. Auch bei schmerzhaften Regelblutungen kann man ihn einsetzen.

Cyanit (Disthen)

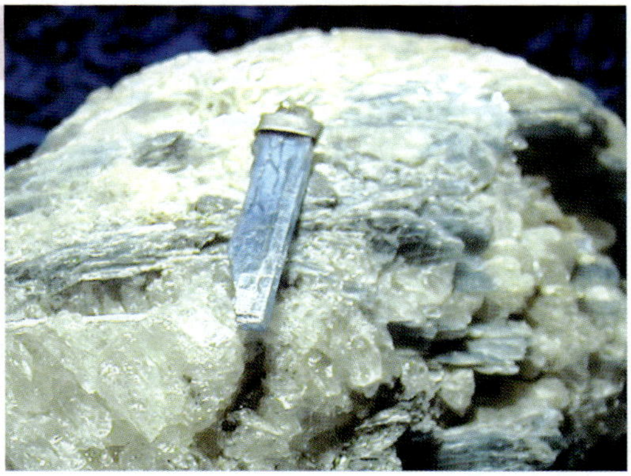

Zuordnungen:

Chakra: Hals-Chakra
Element: Wasser (etwas Erde)

Eigenschaften:

Farbe:	weiß, bläulich, grau, grünlich, gelblich
Transparenz:	durchsichtig, durchscheinend
Strichfarbe:	weiß
Kristallsystem:	triklin
Mohshärte:	4 - 4,5 / 6 - 7
Dichte:	3,6 - 3,7
Chemie:	$Al_2O [SiO_4]$
Vorkommen:	Rußland, USA, Italien, Österreich, Kenia, Australien, Brasilien, Birma, Simbabwe u.a.

Heilwirkung:

Der Cyanit fördert die Ausdrucksfähigkeit und die Beweglichkeit sowohl auf der körperlichen als auch auf der geistigen Ebene. Durch seine nervenstärkende Wirkung können wir mit den Erschwernissen des Alltags gelassener umgehen.

Danburit

Zuordnungen:

Chakra: Solarplexus-Chakra
Westl. Sternzeichen: Löwe
Chin. Sternzeichen: Affe
Element: Luft

Eigenschaften:

Farbe:	farblos, weiß, gelblich, braun, rosa
Transparenz:	durchsichtig bis durchscheinend
Strichfarbe:	weiß
Kristallsystem:	rhombisch
Mohshärte:	7 - 7,5
Dichte:	2,9 - 3
Chemie:	$Ca [B_2Si_2 O_8]$
Vorkommen:	Schweiz, USA, Japan, Madagaskar, Mexiko u.a.

Heilwirkung:

Der Danburit wirkt reinigend auf Leber und Galle und hilft unserem Körper so bei der Entgiftung. Er steigert die Ausdauer und unseren Durchhaltewillen und gibt uns den Mut, Dinge im Leben zu verändern.

Diamant

Zuordnungen:

Chakra: alle Chakras
Westl. Sternzeichen: Widder, Stier, Löwe, Steinbock
Chin. Sternzeichen: Drache, Schlange, Affe, Büffel
Element: Erde (etwas Wasser)

Eigenschaften:

Farbe:	farblos, grau, bläulich, grünlich, gelblich, braun
Transparenz:	durchsichtig bis undurchsichtig
Strichfarbe:	keine
Kristallsystem:	kubisch
Mohshärte:	10
Dichte:	3,52
Chemie:	C
Vorkommen:	Südafrika, Namibia, Angola, Zaire, Ghana, Brasilien, Australien, USA

Besonderheiten:

Der Diamant ist sehr teuer und als Rohstein sehr schwierig zu bekommen. In bearbeitetem Zustand kennt man ihn unter der Bezeichnung „Brillant“. Man bezeichnet ihn auch als den „König unter den Edelsteinen“. Er ist der härteste Edelstein und hat die höchste Heilkraft.

Heilwirkung:

Dieser Stein ist ebenso wie der Bergkristall mit seiner reinen Energieschwingung sehr vielseitig einsetzbar. Er „reinigt“ sozusagen Körper, Seele und Geist. Ablagerungen (auch Nieren- oder Gallensteine) und Blockaden können durch den Einsatz des Diamanten nicht entstehen, vorhandene werden aufgelöst. So ist der Diamant ein Begleiter durch das ganze Leben. Auch gerade bei älteren Menschen, die Probleme mit Arteriosklerose oder Vergeßlichkeit haben, kann ein Diamant wieder zu neuer Lebensqualität verhelfen. Schlaganfallpatienten ist der Diamant bei der Regeneration behilflich. Besondere Auswirkungen zeigt er auch auf die Gehirnfunktionen. Er fördert die Bewußtheit, den Willen, Konzentration und Bewegungskoordination. Krankheiten wie Depressionen und Angstzustände sind einem Diamant-Anwender unbekannt. Zudem stärkt er das Selbstwertgefühl.

Diopsid

Zuordnungen:

Chakra: Wurzel-Chakra, Herz-Chakra
Westl. Sternzeichen: Jungfrau
Chin. Sternzeichen: Hahn
Element: Erde

Eigenschaften:

Farbe:	grün, grün-schwarz, grau
Transparenz:	durchsichtig, durchscheinend
Strichfarbe:	weiß
Kristallsystem:	monoklin
Mohshärte:	5 - 6
Dichte:	3,22 - 3,38
Chemie:	CaMg $[Si_2O_6]$
Vorkommen:	Italien, Österreich, Schweden, USA, Australien, Indien, Iran, Sri Lanka, Finnland u.a.

Heilwirkung:

Dieser Stein hat eine harmonisierende Wirkung auf alle Bereiche. Er bringt uns auf allen Ebenen wieder in das natürliche Gleichgewicht. Körperlich wird er eingesetzt bei Hormonproblemen, Nierenerkrankungen, bei Bluterkrankungen (Leukämie). Er stärkt die Nerven und macht uns so ausgeglichener. Durch seine ausgleichende Wirkung auf den Mineralstoffhaushalt gibt er uns neue Spannkraft und Elan. Er hilft uns beim Abschalten von Problemen und fördert so die Erholung. Man sagt ihm nach, daß er die Fähigkeit hat, alte Traumata aufzulösen und dadurch die Wunden der Seele auszuheilen.

Dioptas

Zuordnungen:

Chakra: Herz-Chakra
Westl. Sternzeichen:
Skorpion, Schütze
Chin. Sternzeichen:
Schwein, Ratte
Element: Erde

Eigenschaften:

Farbe:	smaragdgrün, dunkelgrün
Transparenz:	durchsichtig, durchscheinend
Strichfarbe:	blaßgrün bis grünlichblau
Kristallsystem:	trigonal
Mohshärte:	5
Dichte:	3,3
Chemie:	$Cu_6[Si_6O_{18}]$
Vorkommen:	Namibia, Zaire, Chile, USA, Peru, Rußland u.a.

Heilwirkung:

Der Dioptas wirkt sehr gut bei Kopfschmerzen: sowohl bei chronischen Kopfschmerzen als auch bei Migräne kann man ihn gut einsetzen. Durch seine grüne Farbschwingung wirkt er regenerierend, kühlend und entkrampfend. Auch bei Gelenkentzündungen ist der Dioptas hilfreich. – Er gibt uns neue Energie, regt die Phantasie und die Gehirntätigkeit an und fördert so das Wachstum unseres Bewußtseins.

Dolomit

Zuordnungen:

Chakra: Solarplexus-Chakra,
Stirn-Chakra
Westl. Sternzeichen: Widder
Chin. Sternzeichen: Drache
Element: Luft

Eigenschaften:

Farbe:	weiß, grau, rötlich, bräunlich
Transparenz:	durchsichtig bis undurchsichtig
Strichfarbe:	weiß
Kristallsystem:	trigonal
Mohshärte:	3,5 - 4
Dichte:	2,85 - 2,95
Chemie:	$CaMg[CO_3]_2$
Vorkommen:	Deutschland, Österreich, Mexiko u.a.

Heilwirkung:

Der Dolomit ist ein Stein, der einen regulierenden Einfluß auf den Säure-Basen-Haushalt nimmt. So kann man ihn gut einsetzen gegen Übersäuerung, wie z.B. Sodbrennen oder Muskelkater. Ebenso löst er Ablagerungen in Gefäßen, die sich durch Verhärtungen bemerkbar machen. Er stärkt die Drüsen. – Seelisch fördert der Dolomit die Ausgeglichenheit und verhilft so zu mehr innerer Ruhe und Gelassenheit.

Dumortierit

Zuordnungen:

Chakra: Hals-Chakra, Stirn-Chakra
Westl. Sternzeichen: Löwe
Chin. Sternzeichen: Affe
Element: Wasser (etwas Erde)

Eigenschaften:

Farbe:	tiefblau, violettblau, rotbraun
Transparenz:	durchsichtig bis undurchsichtig
Strichfarbe:	weiß bis bläulichweiß
Kristallsystem:	rhombisch
Mohshärte:	7 - 8,5
Dichte:	3,3 - 3,4
Chemie:	$Mg_{3,5} Al_{4,5} [O2 \mid Al_{4,5} Si_{1,5} O_{18}]$
Vorkommen:	Deutschland, Frankreich, Polen, USA, Brasilien, Madagaskar, Namibia, Indien, Kanada u.a.

Heilwirkung:

Der Dumortierit sorgt für Ruhe und Entspannung in unserem Nervensystem. Er lindert alle Beschwerden, die damit zusammenhängen (z.B. innere Unruhe, Streßanfälligkeit, Streßkopfschmerzen). Er fördert die Konzentrationsfähigkeit. Auch bei chronischer Bronchitis kann man ihn gut einsetzen. Darüber hinaus ist er sehr gut bei Infektionen: er senkt das Fieber, lindert Erbrechen und Krämpfe, Kopfschmerzen. – Mit Hilfe des Dumortierit kann man sich besser und länger konzentrieren. Zudem steigert er die Gehirntätigkeit und fördert unsere Wahrnehmungsfähigkeit. Dadurch ist er auch ein guter Stein für Schulkinder.

Eisenkiesel

Zuordnungen:

Chakra: alle Chakras
Element: Erde

Eigenschaften:

Farbe:	messing-gelb, graugelb
Transparenz:	undurch-sichtig
Strichfarbe:	grünlich schwarz
Kristallsystem:	kubisch
Mohshärte:	7
Dichte:	2,63 - 2,65
Chemie:	$SiO_2 + Fe_2O_3$
Vorkommen:	Spanien, Brasilien, Madagaskar u.a.

Heilwirkung:

Eisenkiesel ist ein Energiestein und stärkt den Energiefluß im ganzen Körper. Daher kann man ihn bei bestehenden Schmerzen oder Energieblockaden direkt auf die schmerzende Stelle auflegen (oder kleben). - Auf der seelischen Ebene stärkt er den Durchhaltewillen, hilft uns bei Entscheidungsproblemen und durch diese Tatkraft auch bei der Umsetzung in die Realität.

Epidot (Unakit)

Zuordnungen:

Chakra: Solarplexus-Chakra, Herz-Chakra
Westl. Sternzeichen: Zwillinge
Chin. Sternzeichen: Pferd
Element: Erde

Eigenschaften:

Farbe:	dunkelgrün bis gelbgrün
Transparenz:	durchsichtig bis undurchsichtig
Strichfarbe:	grau
Kristallsystem:	monoklin
Mohshärte:	6 - 7
Dichte:	3,3 - 3,5
Chemie:	$Ca_2(Fe^{3+},Al)Al_2[O \mid OH \mid SiO_4 \mid Si_2O_7]$
Vorkommen:	Österreich, Frankreich, Finnland, Kenia, Brasilien, USA u.a.

Heilwirkung:

Der Epidot ist ein sehr guter Stein zur schnelleren Rekonvaleszenz (Erholung) nach Krankheiten. Durch seine Schwingungen stärkt er die Selbstheilungskräfte des Körpers und hilft uns so, schneller wieder gesund zu werden. Grundsätzlich kann man den Epidot zur Regeneration in allen Bereichen einsetzen. Gleichermaßen geeignet ist er zur Vorbeugung gegen Krankheiten, da er das Immunsystem stärkt. Zusätzlich wirkt er stärkend auf die Darm- , Leber- und Lungenfunktion. – Auch im seelischen Bereich können wir uns mit Hilfe des Epidot nach Schicksalsschlägen oder seelischen Belastungen schneller von diesen Erschütterungen erholen.

Erdbeerquarz

Zuordnungen:

Chakra: Herz-Chakra
Westl. Sternzeichen: Waage
Chin. Sternzeichen: Hahn
Element: Luft

Eigenschaften:

Farbe:	blaßrosa
Transparenz:	durchscheinend bis undurchsichtig
Strichfarbe:	weiß
Kristallsystem:	trigonal
Mohshärte:	7
Dichte:	2,65
Chemie:	SiO_2
Vorkommen:	Südafrika

Besonderheit:

Der Erdbeerquarz ist eine Bergkristall-Varietät.

Heilwirkung:

Dieser Stein stärkt unser Immunsystem. Auch bei bereits beginnenden Infekten kann er noch helfen, daß die Krankheit nicht zum Ausbruch kommt. Er wirkt regulierend auf unseren Kreislauf. Auch bei Beklemmungsgefühlen ist er hilfreich. Er beruhigt und dämpft nervöse Erregungen. – Durch den Erdbeerquarz können wir unsere inneren Bedürfnisse erkennen und lernen, diese in unser Leben zu integrieren. Dadurch steigert sich unsere Lebensqualität und demzufolge auch die Freude am Leben.

Euklas

Zuordnungen:

Chakra: Wurzel-Chakra, Herz-Chakra
Westl. Sternzeichen: Jungfrau, Schütze
Chin. Sternzeichen: Hahn, Ratte
Element: Wasser

Eigenschaften:

Farbe:	farblos, meergrün, hellblau, dunkelblau
Transparenz:	durchsichtig
Strichfarbe:	weiß
Kristallsystem:	monoklin
Mohshärte:	7,5
Dichte:	3,1
Chemie:	$BeAl[OH \mid SiO_4]$
Vorkommen:	Brasilien, Rußland, Zaire, Simbabwe u.a.

Heilwirkung:

Der Euklas wird eingesetzt zur Schmerzreduzierung und das auch bei Krämpfen. Er läßt Schwellungen abklingen. Durch seine Wirkung auf die Blutgefäße hilft er diese zu erweitern, so daß das Blut besser zirkulieren kann. – Der Euklas fördert unseren Sinn für Gerechtigkeit und hilft uns dabei, die Verantwortung für unser Leben anzuerkennen und in die eigene Hand zu nehmen. So versetzt er uns in die Lage, das Leben zu verbessern und unsere Ziele zu erreichen.

Falkenauge

Zuordnungen:

Chakra: Sakral-Chakra, Stirn-Chakra
Westl. Sternzeichen: Wassermann
Chin. Sternzeichen: Tiger
Element: Luft (etwas Erde)

Eigenschaften:

Farbe:	bläulich bis schwarzblau
Transparenz:	undurchsichtig
Strichfarbe:	bleigrau
Kristallsystem:	trigonal
Mohshärte:	7
Dichte:	2,64 - 2,71
Chemie:	SiO_2
Vorkommen:	Südafrika, Australien, Mexiko, Sri Lanka u.a.

Besonderheiten:

Dieser Stein arbeitet in erster Linie als „Speicher". Er nimmt überschüssige Energien auf und ist daher geeignet für alle Bereiche, in denen zu viel Energie fließt. Daher sollte man diesen Stein nur über kurze Zeit einsetzen.

Heilwirkung:

Wie der Name schon anklingen läßt: Dieser Stein wirkt auf die Augen, außerdem auf den ganzen Kopfbereich; so setzt man ihn ein bei allen Augenproblemen, auch bei Kopfschmerzen, deren Ursache in einer Überanstrengung der Augen liegt. _ Auch im seelischen Bereich haben wir einen Bezug zum Auge: Durch das Falkenauge behalten wir den geistigen Überblick – aber mit Abstand zum Geschehen. So hilft uns dieser Stein, in besonders hektischen Situationen, Ruhe und Gelassenheit zu bewahren und „den Überblick" nicht zu verlieren. So können wir auch leichter mit Streßsituationen im Leben umgehen lernen.

Feueropal

Zuordnungen:

Chakra: Sakral-Chakra,
Solarplexus-Chakra,
Wurzel-Chakra

Westl. Sternzeichen: Krebs,
Löwe, Waage,
Schütze, Fische

Chin. Sternzeichen: Ziege, Affe,
Hund, Ratte, Hase

Element: Feuer

Eigenschaften:

Farbe:	rot
Transparenz:	durchsichtig
Strichfarbe:	weiß
Kristallsystem:	amorph
Mohshärte:	5,5 - 6
Dichte:	2,1 - 2,2
Chemie:	SiO_2 n H_2O
Vorkommen:	Indonesien, Brasilien, Mexiko, Australien u.a.

Heilwirkung:

Der Feueropal nimmt großen Einfluß auf alle Vorgänge in unserer Verdauung. Außerdem reguliert er den Hormonfluß im Körper und fördert auf diese Weise den Energiefluß in allen Bereichen. Er wirkt so auch anregend auf die Geschlechtsorgane. - Durch seine warme Farbe hilft er uns, Dinge in einem „helleren Licht" zu sehen. Dadurch können wir gelassener mit negativen Energien umgehen und erhalten Lebensenergie und Kraft.

Flint-Feuerstein

Zuordnungen:

Chakra: Wurzel-Chakra, Sakral-Chakra
Westl. Sternzeichen: Skorpion
Chin. Sternzeichen: Schwein
Element: Erde

Eigenschaften:

Farbe:	hellgrau bis fast schwarz, beige
Transparenz:	durchscheinend bis undurchsichtig
Strichfarbe:	weiß
Kristallsystem:	trigonal
Mohshärte:	6,5 - 7
Dichte:	2,5 - 2,7
Chemie:	SiO_2
Vorkommen:	Großbritannien, Deutschland, Kanada u.a.

Heilwirkung:

Flint-Feuerstein schürt das innere Feuer: Er regt den Blutkreislauf an, stärkt die Atemwege, fördert durch seine Wirkung auf die Darmflora die Entgiftung, bei Verdauungsproblemen, regeneriert das Gewebe, reguliert den Hormonhaushalt, stärkt den ganzen Körper; die Haut, Drüsen, Atemwege usw. Auch Überbeine (Ganglion) hat dieser Stein schon zum Verschwinden gebracht. – In unserer Seele ist die Wirkung entsprechend: Er nimmt uns Ängste und wirkt so angstbedingten Alpträumen entgegen. Auf diese Weise gibt er uns Gelassenheit und den inneren Frieden zurück.

Fluorit (Flußspat)

Zuordnungen:

Chakra: Hals-Chakra, Stirn-Chakra, Scheitel-Chakra
Westl. Sternzeichen: Wassermann, Fische
Chin. Sternzeichen: Tiger, Hase
Element: blau: Wasser, Luft; grün: Erde, Luft

Eigenschaften:

Farbe:	weiß, weingelb, grün, violett, rosa, blau oder schwarz
Transparenz:	durchsichtig, durchscheinend
Strichfarbe:	weiß
Kristallsystem:	kubisch
Mohshärte:	4
Dichte:	3,18
Chemie:	CaF_2
Vorkommen:	Deutschland, Schweiz, Großbritannien, Norwegen, Italien, Bulgarien, Kanada, USA, Australien, China, Mongolei, Frankreich u.a.

Besonderheiten:

Der Fluorit ist normalerweise einfarbig. Es hat sich eine spezielle Varietät gebildet, die vielen Menschen inzwischen bekannt ist: Der Regenbogen-Fluorit. Wie sein Name sagt, beinhaltet er alle Farben des Regenbogens und ist daher schon für das Auge eine Freude.

Heilwirkung:

Wie aus dem Namen hervorgeht, hat dieser Stein einen hohen Anteil an Fluor, dadurch wirkt er auf die Knochen: Hier setzt man ihn bei vielen Erkrankungen ein, wie z.B. Arthritis, Arthrose, Osteoporose, Knochenbrüchen. Auch Zähnen verleiht er mehr Widerstandsfähigkeit und Festigkeit. – Fluorit wird auch zur Linderung von Atembeschwerden eingesetzt, da er die Regeneration der Schleimhäute, der Atemwege und der Lunge fördert. Auch bei Allergien hat sich der Fluorit bewährt. – Er unterstützt die Tätigkeit des Großhirns und ermöglicht uns damit einfacheres Lernen und schnelleres Denken.

Fuchsit

(Chrom-Muskovit)

Zuordnungen:

Chakra: Sakral-Chakra, Herz-Chakra
Westl. Sternzeichen: Wassermann
Chin. Sternzeichen: Tiger
Element: Erde

Erkennungsmerkmale:

Farbe:	smaragdgrün
Transparenz:	durchsichtig bis undurchsichtig
Strichfarbe:	weiß
Kristallsystem:	monoklin
Mohshärte:	2,5
Dichte:	2,8 - 2,9
Chemie:	$K\ (Al,Cr)_2[(OH,F)_2\ \vert\ AlSi_3O_{10}]$
Vorkommen:	Österreich, Schweiz, Rußland, Brasilien, Simbabwe u.a.

Heilwirkung:

Der Fuchsit steigert die Abwehrkräfte des Immunsystems. Auch bei Hautausschlägen und juckender Haut kann man ihn gut einsetzen. Er wirkt positiv auf Allergien. Sowohl bei akuten wie auch bei chronischen Entzündungen kann man ihn gut einsetzen. Er lindert Schmerzen und steigert so die Beweglichkeit des Körpers. Auch zum Abbau von Strahlenschäden ist der Fuchsit einsetzbar. – Er hilft bei der Abgrenzung gegenüber seelischen Belastungen, fördert die Aufmerksamkeit und Beobachtungsgabe. Mit seiner Hilfe können wir aus der Position eines neutralen Beobachters Probleme ansehen, sie nüchtern beurteilen und entsprechend darauf reagieren.

Gagat (Jett)

Zuordnungen:

Chakra: Wurzel-Chakra
Westl. Sternzeichen: Steinbock
Chin. Sternzeichen: Büffel
Element: Erde

Eigenschaften:

Farbe:	tiefschwarz, dunkelbraun
Transparenz:	undurchsichtig
Strichfarbe:	schwarzbraun
Kristallsystem:	amorph
Mohshärte:	2,5 - 4
Dichte:	1,19 - 1,35
Chemie:	C
Vorkommen:	Frankreich, Polen, Spanien, USA, Rußland u.a.

Besonderheiten:

Der Gagat arbeitet sowohl als „Sender" als auch als „Speicher". Daher ist es sinnvoll, ihn regelmäßig zu entladen. Er gehört zu den porösen Steinen. Er mag keine direkte Sonneneinstrahlung.

Heilwirkung:

Der Gagat wirkt positiv bei Arthritis (Gelenkentzündung). Bei Wirbelsäulenproblemen, Gelenkbeschwerden und geschwollenen Füßen hilft er ebenfalls. Er stärkt die Atemwege und kann so auch bei Bronchitis den Genesungsprozeß unterstützen. Auch sonst ist seine Wirkung entzündungshemmend und schmerzlindernd. - Zusätzlich setzt man ihn ein bei Darmproblemen (besonders bei Durchfallerkrankungen) sowie bei Hautkrankheiten. Auch Kopfschmerzen lindert dieser Stein. - Der Gagat fördert die Ausdauer. Er nimmt durch seine Schwingung seelischen Kummer auf und gibt uns neue Hoffnung. So ist dieser Stein auch sehr gut für Trauerarbeit geeignet.

Girasol (Blauer Opal)

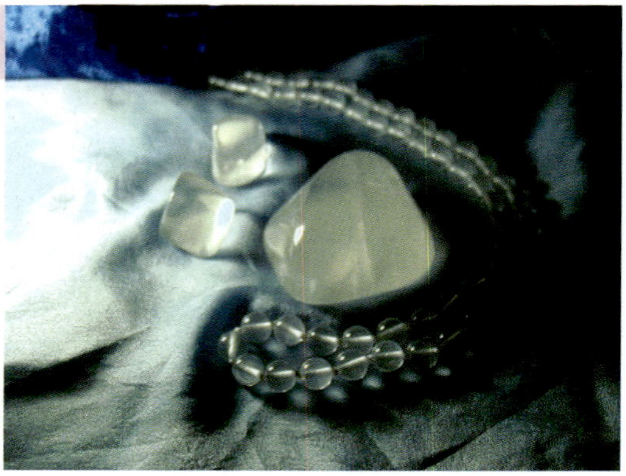

Zuordnungen:

Chakra: Sakral-Chakra
Westl. Sternzeichen: Stier
Chin. Sternzeichen: Schlange
Element: Luft

Eigenschaften:

Farbe:	farblos mit bläulichem Lichtschein
Transparenz:	durchsichtig
Strichfarbe:	weiß
Kristallsystem:	amorph
Mohshärte:	5,5 - 6,5
Dichte:	2 - 2,5
Chemie:	SiO_2 n H_2O
Vorkommen:	Brasilien, Madagaskar u.a.

Heilwirkung:

Der Girasol wirkt stärkend auf folgende Körperbereiche: Augen, Darm, Verdauung, Kreislauf. Man sagt ihm nach, daß er die Heilung von Leukämie (Blutkrebs) positiv beeinflußt. Lymphdrüsenschwellungen verschwinden durch den Einsatz des Girasol. – Er sorgt für inneren Frieden und hilft uns bei der Entspannung.

Gold

Zuordnungen:

Chakra: Solarplexus-Chakra
Westl. Sternzeichen: Löwe
Chin. Sternzeichen: Affe
Element: Feuer

Eigenschaften:

Farbe:	goldgelb, gelbweiß
Transparenz:	undurchsichtig, opak
Strichfarbe:	goldgelb
Kristallsystem:	kubisch
Mohshärte:	2,5 - 3
Dichte:	19,3
Chemie:	Au
Vorkommen:	Südafrika, USA, Mexiko, Kanada, Kolumbien, Ghana, Ägypten, u.a

Besonderheiten:

Gold wird der sogenannten „männlichen" Ebene zugeordnet (im Gegensatz zu Silber, siehe dort). Bei vielen alten Kulturen war Gold das Symbol für die Sonne.

Heilwirkung:

Gold unterstützt unter anderem die Leitfähigkeit unserer Nerven, fördert die Vitalität (auch im Alter) und die Leistungsfähigkeit des Kreislaufs. Zudem regt es die Funktion der Sexualorgane an. Es schützt das Herz. Gold wirkt auf das Gehirn und die Drüsen. Trägt man Gold für längere Zeit, dann breitet sich seine Energie nach und nach im ganzen Körper aus. Bei Untersuchungen von Arthritis-Patienten stießen Ärzte auf ein Phänomen: Sie stellten fest, daß an den Fingern, an denen die Patienten ihre Eheringe trugen, keine Arthritis auftrat. Somit ist die schützende Wirkung von Gold bei Arthritis erwiesen. – Im seelischen Bereich kann Gold Schuldgefühle auflösen. Auch Menschen, die depressiv sind, können durch Gold wieder neuen Lebensmut erlangen. Gold schützt uns durch seine Wirkung auf das Gehirn vor geistiger Überlastung. Auch bei Minderwertigkeitsgefühlen wird Gold eingesetzt: Es steigert die Selbstachtung und das Selbstwertgefühl.

Goldtopas

Zuordnungen:

Chakra: Solarplexus-Chakra
Westl. Sternzeichen: Zwillinge, Löwe, Schütze
Chin. Sternzeichen: Pferd, Affe, Schwein
Element: Luft (etwas Feuer)

Eigenschaften:

Farbe:	gelb, goldgelb
Transparenz:	durchscheinend
Strichfarbe:	weiß
Kristallsystem:	rhombisch
Mohshärte:	8
Dichte:	3,49 - 3,57
Chemie:	$Al_2 [(Fe_2OH)_2 \mid SiO_4]$
Vorkommen:	Brasilien, Australien, China, Japan, Madagaskar, Sri Lanka, Mexiko, USA, Simbabwe u.a.

Heilwirkung:

Der Goldtopas wirkt gegen Asthmaerkrankungen und damit verbundene Allergien. Man setzt ihn ebenso ein gegen Fieber und entzündliche Prozesse. Er stärkt die Zirbeldrüse und beugt so Infektionskrankheiten vor. Außerdem hat er positive Auswirkungen auf Augenerkrankungen. – Er stärkt die Bauchspeicheldrüse, den Darm und die Galle (auch bei Gallensteinen) und hilft, unseren Körper zu entgiften. Ebenso hilfreich ist er bei Gichterkrankungen. – Goldtopas gleicht den Appetit aus, so verhilft er sowohl Über- als auch Untergewichtigen, das rechte Maß zu finden. – Auch bei Wirbelsäulen-Erkrankungen wurden durch den Einsatz eines Goldtopas positive Erfahrungen gesammelt. – Durch seine stimmungsaufhellende Wirkung ist er ein Helfer gegen Depressionen. Auch bei manisch-depressiven Menschen hat er schon Wirkung gezeigt. Bei Nervenschwäche und Nervenzusammenbrüchen wird der Goldtopas ebenfalls eingesetzt. – Er steigert die Leistungsfähigkeit unseres Gehirns und stärkt das Gedächtnis. So wirkt er ebenso gegen Erschöpfungszustände. Er fördert die Konzentration und verhilft uns zu mehr Kreativität. – Auf die Nerven wirkt er stärkend und beruhigend. Damit können wir ihn auch gut bei Schlafstörungen einsetzen. Hierzu empfiehlt es sich, zusätzlich einen Goldtopas unter dem Kopfkissen zu plazieren. Er verschafft uns einen ruhigen Schlaf und angenehme Träume.

Granat (Mineralgruppe)

Zuordnungen:

Chakra: Wurzel-Chakra
Westl. Sternzeichen: Widder, Zwillinge, Löwe, Skorpion, Schütze, Steinbock
Chin. Sternzeichen: Drache, Pferd, Affe, Schwein, Ratte, Büffel
Element: rot: Feuer; braun, grün: Erde

Eigenschaften:

Transparenz:	durchsichtig bis undurchsichtig
Strichfarbe:	weiß
Kristallsystem:	kubisch
Mohshärte:	6,5 - 7,5
Vorkommen:	Rußland, Nigeria, Australien, Südafrika, USA, Tschechien, Sri Lanka, Kenia u.a.

Varietäten:

Der Granatgruppe sind die nachfolgend aufgeführten Edelsteine zugeordnet. Die hier angegebenen Werte treffen auf alle der Granatgruppe zugeordneten Edelsteine zu.

Pyrop:	Farbe: rot mit Stich ins Bläuliche; Dichte: 3,6 - 3,9; Chemie: $Mg_3 Al_2 [SiO_4]_3$
Almandin:	Farbe: rot mit Stich ins Violette; Dichte: 3,9 - 4,3; Chemie: $Fe_3 Al_2 [SiO_4]_3$
Spessartin:	Farbe: orange bis rotbraun; Dichte: 4,12 - 4,18; Chemie: $Mn_3 Al_2 [SiO_4]_3$
Andradit:	Farbe: schwarz, gelbbraun; Dichte: 3,7 - 4,1, Chemie: $Ca_3 Al_2 [SiO_4]_3$
Uwarowit:	Farbe: smaragdgrün; Dichte: 3,4 - 3,5, Chemie: $Ca_3 Cr_2 [SiO_4]_3$
Grossular:	siehe Einzelbeschreibung

Heilwirkung:

Granate helfen gegen entzündliche Prozesse im Körper und fördern das Abheilen von Wunden. Sie geben Energie: steigern die Abwehrkräfte, indem sie das Immunsystem anregen, steigern die Ausdauer, helfen uns, mehr Aktivität im Leben zu entwickeln. Sie regen das Herz und den Kreislauf an. Alle Organe werden durch den Einsatz von Granaten angeregt. So wird unserem Körper auch die Entgiftung erleichtert. Auf das Blut wirken sie, indem sie das Blutbild verbessern; außerdem sind sie bei Bluterkrankungen hilfreich. Zudem schützen sie vor Arterienverkalkung. – Granate wirken auch auf der seelischen Ebene anregend und stärkend: Sie geben uns neuen Mut und Zuversicht, auch in schwierigen Lebensphasen.

Grossular

Zuordnungen:

Chakra: Wurzel-Chakra
Westl. Sternzeichen: Widder, Löwe
Chin. Sternzeichen: Drache, Affe
Element: Erde

Eigenschaften:

Farbe:	farblos, gelb, gelbgrün, braunrot
Transparenz:	durchsichtig bis undurchsichtig
Strichfarbe:	weiß
Kristallsystem:	kubisch
Mohshärte:	6,5 - 7,5
Dichte:	3,57 - 3,73
Chemie:	$Ca_3 Al_2 [SiO_4]_3$
Vorkommen:	Italien, Deutschland, Rumänien, Schweiz, Mexiko, USA, Korea, Polen, Großbritannien u.a.

Heilwirkung:

Der Grossular stärkt das Immunsystem. Er wirkt positiv auf das Blutbild, den Blutzuckerspiegel, und erhöht den Blutdruck. Damit beugt er auch Durchblutungsstörungen vor. Zusätzlich stärkt er auch das Herz und schützt es vor Erkrankungen. Der Grossular kräftigt das Knochengerüst und die Gelenke. Man setzt ihn auch ein bei entzündlichen Gelenkerkrankungen (wie z.B. Arthritis). Durch den Einsatz eines Grossular wird der Fettstoffwechsel angeregt. – Nicht nur bei Erschöpfungszuständen gibt uns der Grossular neue Energie, er wirkt allgemein leistungssteigernd. Er gibt uns die Kraft, auch in scheinbar aussichtslosen Situationen den Mut nicht zu verlieren.

Halit (Steinsalz)

Zuordnungen:

Chakra: Sakral-Chakra, Hals-Chakra
Westl. Sternzeichen: Krebs, Fische
Chin. Sternzeichen: Ziege, Hase
Element: Luft

Eigenschaften:

Farbe:	weiß, schwach grau oder rosig, orange
Transparenz:	durchsichtig bis durchscheinend
Strichfarbe:	weiß
Kristallsystem:	kubisch
Mohshärte:	2
Dichte:	2,1 - 2,2
Chemie:	NaCl
Vorkommen:	Deutschland, Österreich, Polen, USA u.a.

Besonderheiten:

Der Halit ist nur als Rohstein erhältlich. Zur Zeit gibt es sehr viele Dekorationsstücke aus Halit, z.B. Teelichter, Duftlampen und elektrische Lampen. Durch ihren Einsatz kann man sowohl Raumklima als auch -atmosphäre positiv verändern. Bei dieser Art der Anwendung kommt hinzu, daß Wärme die Wirkung des Halit verstärkt. Man kann mit seiner Hilfe sehr gut andere Heilsteine reinigen. Der Halit darf auf keinen Fall mit Wasser in Berührung kommen, er löst sich auf. Man reinigt ihn am besten nur mit einem trockenen Lappen oder einer Bürste.

Heilwirkung:

Der Halit wirkt in erster Linie auf die Atmungsorgane und alle damit verbundenen Beschwerden. So lindert er Atembeschwerden, unterstützt die Atmungsfunktion, hilft bei Atemnot. Er regt darüber hinaus die Stoffwechselvorgänge im Körper an. – Durch seine sanfte Ausstrahlung wirkt er auf das vegetative Nervensystem, beruhigt und nimmt so Gefühle wie Melancholie oder Depressionen. Auf diese Weise hilft er bei der Auflösung von inneren Problemen und Gedankenmustern, die uns in unserem Leben behindern.

Hämatit

Zuordnungen:

Chakra: Wurzel-Chakra
Westl. Sternzeichen: Widder, Skorpion, Steinbock, Wassermann
Chin. Sternzeichen: Drache, Schwein, Büffel, Tiger
Element: Feuer, Erde

Eigenschaften:

Farbe:	rotbraun, grauschwarz, schwarz
Transparenz:	durchscheinend bis opak
Strichfarbe:	braunrot
Kristallsystem:	trigonal
Mohshärte:	5,5 - 6,5
Dichte:	5,2 - 5,3
Chemie:	Fe_2O_3
Vorkommen:	Österreich, Italien, Schweden, Großbritannien, Kanada, Australien, Liberia, Brasilien, Bangladesch, Neuseeland, USA u.a.

Besonderheiten:

Auch der Hämatit zählt zu den sehr verbreiteten und bekannten Steinen. Mit seiner Hilfe kann man viele andere Steine aufladen.

Heilwirkung:

Der Hämatit ist vielen Menschen als „Blutstein“ bekannt. Durch seinen hohen Eisengehalt wirkt er positiv auf das Blutbild, auch bei Anämie wurde er als erfolgbringend beschrieben. Generell hilft der Hämatit gegen Eisenmangel. So erklärt sich auch die Aussage, daß man mittels eines Hämatit einen besseren und gesünderen Hautton erhält. – Bei Arterienverkalkung, gegen Arthrose, bei Problemen mit geschwollenen Beinen, bei Wadenkrämpfen, bei Krampfadern und Bänderzerrungen sowie bei Rückenproblemen kann man den Hämatit gut einsetzen. Er schützt vor Arterienverkalkung (Arteriosklerose). Blutergüsse (Hämatome) und Blutgerinnsel lösen sich durch einen Hämatit wesentlich schneller auf. Auch bei Hämorrhoiden kann man den Hämatit gut einsetzen. Für diese Behandlung sollte man zusätzlich zum Tragen des Hämatit mehrere Steine in Wasser legen und dieses für Sitzbäder benutzen. – Dieser Stein erhöht die Regenerationsfähigkeit des Körpers und hilft so bei der Rekonvaleszenz. Der Hämatit wirkt zusätzlich regenerierend auf die Leber und erleichtert unserem Körper so die Entgiftung. Er fördert die Narbenverheilung. Selbst Verbrennungen klingen durch den Hämatit schneller ab. Auch bei verspäteter Menses (Monatsblutung) wird er oft empfohlen. Ebenso ist er für Schwangerschaftsmüdigkeit hervorragend geeignet. – Durch den Einsatz eines Hämatit steigern wir unsere Lebensqualität und das Gefühl der Lebendigkeit. Dadurch, daß sich die Sauerstoffversorgung unseres Körpers verbessert, verhilft er uns zu ruhigem, erholsamem Schlaf.

Heliodor

Zuordnungen:

Chakra: Solarplexus-Chakra, Herz-Chakra
Westl. Sternzeichen: Löwe
Chin. Sternzeichen: Affe
Element: Erde

Eigenschaften:

Farbe:	gelb mit grün
Transparenz:	durchsichtig bis undurchsichtig
Strichfarbe:	weiß
Kristallsystem:	hexagonal
Mohshärte:	7,5 - 8
Dichte:	2,66 - 2,87
Chemie:	$Al_2 Be_3 [Si_6O_{18}]$
Vorkommen:	Brasilien, Madagaskar, Namibia u.a.

Besonderheiten:

Der Heliodor ist ein Stein der Beryll-Gruppe. Er sollte mit Hämatit-Steinen aufgeladen werden.

Heilwirkung:

Wie bereits bei der Beryll-Gruppe erwähnt, wirken alle Steine dieser Gruppe auf die Augen: So setzt man den Heliodor ein bei Kurz- und Weitsichtigkeit. Außerdem aktiviert der Heliodor den Energiehaushalt im ganzen Körper und stärkt dadurch auch das Herz und den Kreislauf. Auch bei Rückenproblemen ist er sehr gut einsetzbar. – Ein großer Wirkungsbereich des Heliodor liegt im Seelischen: Er stärkt das Bewußtsein und hilft bei der spirituellen Entwicklung. Mit seiner Hilfe kann man leichter zu höheren Bewußtseinsebenen vordringen.

Heliotrop

(Blutjaspis)

Zuordnungen:

Chakra: Wurzel-Chakra, Sakral-Chakra, Solarplexus-Chakra, Herz-Chakra
Westl. Sternzeichen: Widder, Krebs, Skorpion
Chin. Sternzeichen: Drache, Ziege, Schwein
Element: Erde

Eigenschaften:

Farbe:	dunkelgrün mit roten bis braunroten Flecken
Transparenz:	undurchsichtig
Strichfarbe:	weiß
Kristallsystem:	trigonal
Mohshärte:	6,5 - 7
Dichte:	2,58 - 2,64
Chemie:	SiO_2
Vorkommen:	Deutschland, Großbritannien, Indien, Australien, Brasilien, USA, China u.a.

Besonderheiten:

Der Heliotrop gehört zur Gruppe der Chalcedone.

Heilwirkung:

Die enormen Kräfte des Heliotrop sind schon lange vor unserer Zeit bekannt gewesen. Er wirkt fast auf alle Organe, regt unser Immunsystem an und schützt uns so vor Krankheiten. Er steigert unsere Vitalität und erleichtert unserem Körper die Vitaminaufnahme. – Man setzt ihn sowohl bei geschwollenen Beinen als auch bei Wadenkrämpfen oder Krampfadern ein. Generell stärkt er nicht nur die Arterien in den Beinen, sondern im ganzen Körper und lindert daher auch Durchblutungsstörungen, gleich wo sie auftreten. Auch bei Darmproblemen und Hämorrhoiden ist er hilfreich. – Ebenso werden Zysten durch den Einsatz eines Heliotrop beeinflußt. Menschen, die zur Zystenbildung neigen, sollten daher den Heliotrop zu ihrem ständigen Begleiter machen. – Er wirkt bei Gallenbeschwerden und hilft bei der Auflösung von Gallensteinen. Auch auf die Nieren zeigt dieser Stein Wirkung: er fördert die Entgiftung und Entsäuerung und regt darüber hinaus den Lymphfluß an. – Selbst bei Augenproblemen ist dieser Stein einsetzbar, er soll den Grünen Star positiv beeinflussen. Beim Grünen Star handelt es sich um einen erhöhten Augeninnendruck. Da uns der Heliotrop vor negativen Außeneinflüssen schützt und uns beruhigt, wird dadurch der „innere Druck" gemindert, was dann zu einer Reduzierung der Krankheit führt. – Ebenso kann man den Heliotrop bei Blasenentzündung einsetzen. Bei Magenschleimhautentzündung sollte man den Heliotrop an dieser Körperstelle fixieren (lange Kette oder Pflaster). – Bei allen Knochenerkrankungen ist der Heliotrop ebenfalls wirkungsvoll. – Auf der seelischen Ebene hilft er uns bei der Abgrenzung gegenüber seelischen Belastungen und damit auch unerwünschter Einflüsse. So hilft er auch bei Alpträumen, die uns zeigen wollen, daß wir gegen das Übermaß negativer Einflüsse etwas unternehmen sollten. Da er generell einen ruhigen Schlaf fördert, sollte man sich einen Heliotrop unter das Kopfkissen legen. Außerdem beruhigt er, mindert Aggressionen und steigert die Belastbarkeit. Durch den Heliotrop erhalten wir neue Energie, auch bei ständiger Müdigkeit. Er steigert die Lebensfreude. Durch seine Wirkung auf das Gehirn erleichtert er die Konzentration.

Herkimer-Diamant

Zuordnungen:

Chakra: alle Chakras
Westl. Sternzeichen: Schütze
Chin. Sternzeichen: Ratte
Element: Erde (etwas Luft)

Eigenschaften:

Farbe:	farblos
Transparenz:	durchsichtig (Glasglanz)
Strichfarbe:	weiß
Kristallsystem:	trigonal
Mohshärte:	7
Dichte:	2,65
Chemie:	SiO_2
Vorkommen:	Der Herkimer ist eine doppelendige Bergkristall-Varietät und nach seinem Fundort Herkim in den USA benannt.

Besonderheiten:

Der Herkimer ist ein Stein (wie der Bergkristall), der sowohl als Sender als auch als Speicher arbeitet.

Heilwirkung:

Der Herkimer hilft unserem Körper beim „Hausputz“: durch seine klare Schwingung reinigt er jeden Körperbereich und versorgt die Zellen mit neuer Energie. Man sagt ihm nach, daß er deshalb verjüngend wirkt. Er zeigt seine Wirkung sowohl in der Prävention als auch bei chronischen Krankheitsbildern. – Der Herkimer ist ein durchsichtiger und klarer Stein. Diese Eigenschaft gibt er an uns weiter: er gibt uns innerliche Klarheit, die uns bei der Bewältigung von Problemen hilft, läßt uns Dinge, die in unserem Umfeld geschehen, „klar erkennen und sehen“, hilft uns bei der Erinnerung an Träume. Auch für Meditationen ist der Herkimer hervorragend geeignet, da er die Verbindung herstellt zwischen Geist und Verstand.

Hiddenit

Zuordnungen:

Chakra: Herz-Chakra, Stirn-Chakra
Westl. Sternzeichen: Skorpion
Chin. Sternzeichen: Schwein
Element: Erde (etwas Luft)

Eigenschaften:

Farbe:	schwach gelbgrün bis smaragdgrün
Transparenz:	durchsichtig
Strichfarbe:	weiß
Kristallsystem:	monoklin
Mohshärte:	6,5 - 7
Dichte:	3,1 - 3,2
Chemie:	LiAl $[Si_2O_6]$
Vorkommen:	USA, Brasilien, Madagaskar, Birma u.a.

Besonderheiten:

Bei dem Hiddenit handelt es sich um einen porösen Stein, der nicht mit Wasser entladen werden sollte.

Heilwirkung:

Der Hiddenit stärkt unsere Sehkraft und das Gehör. Außerdem setzt man ihn ein gegen Gelenkbeschwerden aller Art. Sein größter Wirkungsbereich liegt allerdings bei Nervenleiden, sowohl im körperlichen als auch im seelischen Bereich. Er hilft uns beim Abbau von Ängsten und Depressionen und wirkt dadurch stimmungsaufhellend. Er aktiviert unsere Entscheidungskraft, so daß man den Hiddenit vor schwerwiegenden Entscheidungen einsetzen sollte. Zudem steigert er die Akzeptanz und das Einfühlungsvermögen, so daß wir bei unseren Entscheidungen auch davor geschützt sind, ohne Rücksicht die Grenzen von anderen zu übertreten. Dadurch hilft uns der Hiddenit auch beim Abbau von Ängsten und erhält uns unsere Selbstachtung bei der Erreichung unserer Ziele.

Hornblende

Zuordnungen:

Chakra: Hals-Chakra, Stirn-Chakra
Westl. Sternzeichen: Zwillinge, Waage
Chin. Sternzeichen: Pferd, Hund
Element: Erde

Eigenschaften:

Farbe:	grünschwarz, schwarz
Transparenz:	durchscheinend bis undurchsichtig
Strichfarbe:	grünlich bis graublau
Kristallsystem:	monoklin
Mohshärte:	5 - 6
Dichte:	2,9 - 3,4
Chemie:	$(Ca,Na,K)_{2\text{-}3}(Mg,Fe^{2+}, Al)_5[OH \mid (AlSi_3)O_{11}]_2$
Vorkommen:	Schweiz, Skandinavien u.a.

Besonderheiten:

Die Hornblende ist ein relativ unbekannter Stein.

Heilwirkung:

Die Hornblende reguliert unseren Elektrolythaushalt und verbessert die Vitamin- und Mineralstoffaufnahme unseres Körpers. Sie wirkt auf die Ohren, so wird sie zum Beispiel bei Innenohrerkrankungen oder Mittelohrentzündung eingesetzt. – Sie hilft uns, geistige Anspannung abzubauen und mentale Disharmonien auszugleichen. Daher benutzt man sie auch bei allen Arten von psychosomatischen Erkrankungen und Störungen in diesem Bereich, bis hin zu schizophrenen Erscheinungen.

Howlith

Zuordnungen:

Chakra: Sakral-Chakra, Solarplexus-Chakra
Westl. Sternzeichen: Zwillinge
Chin. Sternzeichen: Pferd
Element: Luft

Eigenschaften:

Farbe:	mattweiß, elfenbeinfarben
Transparenz:	durchsichtig bis durchscheinend
Strichfarbe:	weiß
Kristallsystem:	monoklin
Mohshärte:	3 - 3,5
Dichte:	2,45 - 2,54
Chemie:	$Ca_2 [SiB_5O_9(OH)_5]$
Vorkommen:	USA, Simbabwe u.a.

Besonderheiten:

Der Howlith wird sehr oft eingefärbt und auf dem Markt dann als Türkis (der wesentlich teurer ist) verkauft.

Heilwirkung:

Der Howlith ist ein Stein für Menschen mit Gewichtsproblemen: Er unterstützt das Abnehmen und Entschlacken. Zudem vermindert er Flüssigkeitseinlagerungen im Körper. Er lindert Darmbeschwerden, Übelkeit und Brechreiz. - Die Wirkung des Howlith auf der körperlichen Ebene wird unterstützt im seelischen Bereich: Er stärkt unseren Willen und das Durchhaltevermögen. Zudem hilft er beim Abbau von Blokkaden jeder Art, sowohl im Körper als auch in der Seele. Er fördert die Diplomatie und die Einsicht.

Hypersthen

Zuordnungen:

Chakra: Solarplexus-Chakra
Westl. Sternzeichen: Waage, Schütze
Chin. Sternzeichen: Hund, Ratte
Element: Erde

Eigenschaften:

Farbe:	schwarz-grün, schwarzbraun
Transparenz:	durchsichtig bis undurchsichtig
Strichfarbe:	weiß
Kristallsystem:	rhombisch
Mohshärte:	5 - 6
Dichte:	3,4 - 3,5
Chemie:	$(Fe,Mg)_2 [Si_2O_6]$
Vorkommen:	Rumänien, Kanada, Iran, USA, Japan, Grönland, Großbritannien u.a.

Heilwirkung:

Der Hypersthen wird eingesetzt bei allen Arten von Schmerzen, besonders aber bei Magenschmerzen und bei Magenschleimhautentzündung. Er wirkt reduzierend auf die Magensäure. Außerdem kann man ihn einsetzen bei akuten und chronischen Verspannungen. – Der Hypersthen unterstützt uns dabei, die Goldene Mitte zu erkennen. Durch ihn können wir die Balance finden zwischen sinnvoller Aktivität und Ausgeglichenheit. Durch seinen Einsatz erkennen wir erforderliche Ruhezeiten und können diese auch wahrnehmen.

Iolith

(Cordierit, Wassersaphir)

Zuordnungen:

Chakra: Solarplexus-Chakra, Stirn-Chakra
Westl. Sternzeichen: Wassermann, Fische
Chin. Sternzeichen: Tiger, Hase
Element: Wasser

Eigenschaften:

Farbe:	blau, grünblau, grau, violett
Transparenz:	durchsichtig, durchscheinend
Strichfarbe:	weiß
Kristallsystem:	rhombisch
Mohshärte:	7 - 7,5
Dichte:	2,58 - 2,66
Chemie:	Mg_2Al_3 $[AlSi_5O_{18}]$
Vorkommen:	Spanien, Skandinavien, Sri Lanka, USA, Brasilien u.a.

Heilwirkung:

Der Iolith wirkt regulierend auf den Energiefluß aller Meridiane. Er steigert die Drüsenfunktionen und stärkt den Darm. Man setzt ihn im seelischen Bereich ein gegen Ängste und Depressionen. Mit seiner Hilfe kann man das Stirn-Chakra öffnen.

Indigolith

(Blauer Turmalin)

Zuordnungen:

Chakra: Hals-Chakra
Westl. Sternzeichen: Stier, Waage
Chin. Sternzeichen: Schlange, Hund
Element: Wasser (etwas Luft)

Eigenschaften:

Farbe:	blau, grünblau bis dunkelblau
Transparenz:	durchsichtig bis durchscheinend
Strichfarbe:	weiß
Kristallsystem:	trigonal
Mohshärte:	7 - 7,5
Dichte:	2,9 -3,2
Chemie:	$Na(Li,Al)_3 Al_6[(OH)_4 \mid (BO_3)_3 \mid Si_6O_{18}]$
Vorkommen:	Schweden, USA, Namibia, Brasilien, Zaire, Sri Lanka u.a.

Besonderheiten:

Der Indigolith ist eine Turmalin-Varietät (siehe auch dort)

Heilwirkung:

Der Indigolith wirkt heilend bei Drüsenfieber. Er stärkt das Nervensystem. Zusätzlich setzt man ihn ein bei Kehlkopfentzündungen (Laryngitis), aber auch bei Kopfschmerzen. Auch bei der Parkinsonschen Krankheit hat er schon geholfen. Er reguliert die Nierentätigkeit und wirkt regenerierend auf die Zellen, so kann man den Indigolith auch zur Reduzierung von Hautflecken (Leukoderma) und Verbrennungen einsetzen. Durch seinen Einfluß auf die Zellstruktur wirkt er vorbeugend gegen Krebserkrankungen. Er reguliert die Wassereinlagerung in den Zellen und fördert die Ausscheidungen. - Gleichermaßen hilfreich ist der Indigolith bei innerer Unruhe und Unausgeglichenheit. Er steigert das Denkvermögen und die Gedächtnisleistung. Mit seiner Hilfe wird man offener und toleranter gegenüber der Umwelt.

Jadeit (Jadegruppe)

Zuordnungen:

Chakra: Sakral-Chakra, Solarplexus-Chakra, Herz-Chakra
Westl. Sternzeichen: Stier, Krebs, Waage, Fische
Indian. Sternzeichen: Wolf
Chin. Sternzeichen: Schlange, Ziege, Hund, Hase
Element: Erde (etwas Luft, etwas Wasser)

Eigenschaften:

Farbe:	grünweiß, grün, grau, gelblich
Transparenz:	durchscheinend, undurchsichtig
Strichfarbe:	weiß
Kristallsystem:	monoklin
Mohshärte:	6,5
Dichte:	3,2 - 3,3
Chemie:	NaAl [Si2O6]
Vorkommen:	Burma, Japan, China, USA u.a.

Heilwirkung:

Der Jadeit zeigt eine sehr starke Wirkung im Blasen- und Nierenbereich: Er gleicht nicht nur den Säure-Basen-Haushalt sondern auch den Wasserhaushalt aus. Zudem hilft er, Giftstoffe auszuscheiden und wirkt abführend. Daher kann man ihn auch gut bei Adipositas (Fettsucht) einsetzen. – Der Jadeit stärkt unsere Nerven. Bei Abgespanntheit und Erschöpfung wirkt er belebend und fördert so unser Gefühl für die Ausgewogenheit zwischen Anspannung und Entspannung. Er gibt uns unseren inneren Frieden und die Ruhe wieder.

Jaspis

Zuordnungen:

Chakra: je nach Varietät alle Chakras
Westl. Sternzeichen: Widder, Stier, Zwillinge, Krebs, Löwe, Jungfrau, Skorpion, Schütze, Steinbock, Fische
Indian. Sternzeichen: Biber
Chin. Sternzeichen: Drache, Schlange, Pferd, Ziege, Affe, Hahn, Schwein, Ratte, Büffel, Hase
Element: Erde, rot: Feuer

Eigenschaften:

Farbe:	alle Farben, gelb, braun, rot, grün, streifig oder gefleckt
Transparenz:	selten durchscheinend
Strichfarbe:	weiß, gelb, braun, rot
Kristallsystem:	trigonal
Mohshärte:	6,5 - 7
Dichte:	2,59 - 2,61
Chemie:	SiO_2
Vorkommen:	Deutschland, Frankreich, Indien, Madagaskar, Ägypten, USA, Australien u.a.

Heilwirkung:

Wenn man sich die Jaspisgruppe und ihre speziellen Wirkungen genauer ansieht, stellt man fest, daß diese in fast allen Bereichen einsetzbar sind. Hauptunterscheidungsmerkmal für den Einsatz ist die jeweilige Farbe, die gemäß den Chakra-Funktionen auszuwählen ist. So wirken z.B. rote Jaspise überwiegend auf den Lebenswillen, das Durchsetzungsvermögen, bei Problemen mit dem Blut; gelbe und braune überwiegend auf den Magen-Darm-Trakt und grüne verstärken die Heilung und fördern die Harmonisierung. Nachfolgend ein kurzer Auszug aus den vielen Wirkungsbereichen:

Diese Steine stärken die Abwehrkräfte, wirken bei Problemen mit der Verdauung, bei Bauchentzündung, bei Blähungen, auch bei Blähungen mit Völlegefühl, stärken die Blase, helfen bei Blasenerkrankungen, bei Blasensteinen, bei Darmgeschwüren, bei Colitis (Dickdarmentzündung), regulieren die Darmmotorik, stärken den gesamten Darmtrakt, helfen bei Dünndarmentzündung, bei Durchfall (Diarrhöe), lösen Blutgerinnsel auf, sind auch für Diabetiker durch ihre Wirkung auf den Blutzuckerspiegel sehr gut geeignet, verringern Blutungen (auch Menorrhagie = überstarke Regelblutung), helfen bei Menstruationsschmerzen, bei Gallenkoliken, bei Schwangerschaftsproblemen, bei Schwangerschaftserbrechen, erleichtern die Entbindung, stärken die Abwehrkräfte, steigernd die Aktivität, helfen beim Verarbeiten von Ärger, steigern die Ausdauer, fördern die Ausgeglichenheit, beruhigen, helfen uns, Fehler einzusehen und Schuldgefühle abzubauen, helfen bei Halluzinationen, bei Harnblasenleiden, fördern die innere Sammlung, geben uns neue Lebenskraft, helfen bei Leberschwäche, im Klimakterium (Wechseljahre), regulieren die Magensäure, helfen auch bei Magenschmerzen und Magenschleimhautentzündung (Gastritis), Morbus Crohn, fördern die Regeneration, erleichtern Rückführungen, geben uns innere Ruhe, helfen bei Schizophrenie.

Karneol

Zuordnungen:

Chakra: Wurzel-Chakra (roter Karneol) Sakral-Chakra (gelber Karneol)
Westl. Sternzeichen: Widder, Stier, Zwillinge, Löwe, Jungfrau, Wassermann
Indian. Sternzeichen: Lachs
Chin. Sternzeichen: Drache, Schlange, Pferd, Affe, Hahn, Tiger
Element: Feuer, gelb: Luft

Eigenschaften:

Farbe:	rot bis gelbrot
Transparenz:	selten durchscheinend
Strichfarbe:	weiß
Kristallsystem:	trigonal
Mohshärte:	6 – 7

Dichte:	2,59 - 2,61
Chemie:	SiO_2
Vorkommen:	Indien, Brasilien, Ägypten, Rumänien, Uruguay u.a.

Heilwirkung:

Karneole wirken auf das Blut, verbessern das Blutbild, lösen Blutstauungen (Thrombose) und Durchblutungsstörungen auf, helfen, Blutungen zu stillen, fördern das Abheilen von Wunden und wirken bei Blutvergiftung (Septikämie). Auch bei Magen- und Darmproblemen kann man sie bei folgenden Symptomen einsetzen: Regulierung der Darmflora, bei Darmkrämpfen, bei Dickdarmentzündung (Colitis), allen Magen- und Darmerkrankungen, zum Abführen bei Verstopfung. Ebenso benutzt werden Karneole bei Stoffwechselstörungen. Sie fördern die Mineral- und Nährstoffaufnahme im Körper. Gleichermaßen kann man sie bei Rheumatismus einsetzen. – Sie helfen mit bei der Auflösung von Nieren- und Blasensteinen, bei Blut im Harn, bei sogenannten „Frauenleiden" wie Problemen mit den Eierstöcken, bei Eierstockentzündung, Eierstockgeschwulsten, schmerzhafter Periode, Unterleibsschmerzen, Myomen, Zysten, Eileiterentzündung oder Entzündung der Eierstöcke. Der Karneol senkt zudem den Cholesterinspiegel. Auch Fieber oder Fieberschübe, remittierendes oder typhusartiges Fieber wird durch den Einsatz eines Karneol gesenkt. Weiterhin sind diese Steine eine gute Hilfe bei Durchblutungsstörungen, bei kalten Füßen oder kalten Stellen am Körper durch ihre erwärmende Ausstrahlung. Sie wirken zusätzlich auf die Milz, die Leber, den Magen (auch bei Krämpfen) und die Lymphe. Im Bereich der Haut wirken sie straffend auf das Bindegewebe und helfen bei Venenschmerzen und Krampfadern. Auch bei Nesselsucht werden sie eingesetzt. – Karneole steigern unsere Ausdauer und den Durchhaltewillen, fördern unsere Tatkraft. Bei geistiger Erschöpfung geben Sie uns neue Energie und steigern unseren Antrieb.

Koralle

Zuordnungen:

Chakra: Wurzel-Chakra, Sakral-Chakra, Herz-Chakra
Westl. Sternzeichen: Fische
Chin. Sternzeichen: Hase
Element: Wasser; braun: Erde, rosa: Luft

Eigenschaften:

Farbe:	weiß, rot / schwarz, blau
Transparenz:	undurchsichtig
Strichfarbe:	weiß / grau
Kristallsystem:	trigonal / amorph
Mohshärte:	3 - 4 / 4
Dichte:	2,6 - 2,7 / 1,3 - 1,4
Chemie:	$CaCO_3$ + Fe,Mg
Vorkommen:	USA, Ägypten, Australien, Japan u.a.

Besonderheiten:

Da rote Korallen einen besseren Preis erzielen, werden die weißen Korallen, die häufiger gefunden werden, oft entsprechend eingefärbt.

Heilwirkung:

Die Koralle wirkt auf das Blutbild, auch bei Anämie. Durch die Wirkung der Koralle kann unser Körper besser weiße Blutkörperchen zur Stärkung der Abwehrkräfte bilden. Sie stabilisiert den Blutdruck. Auch bei Anfälligkeit für Infekte und bei Husten kann man sie einsetzen. Sie reguliert den Lymphfluß und ist auch bei Lymphdrüsenerkrankungen hilfreich. Durchblutungsstörungen werden gemildert. Auf die Atemwege hat die Koralle ebenfalls Einfluß: Sie stärkt die Bronchien und hilft bei Atemnot und Husten (auch Keuchhusten). Steinleiden im Gallenbereich werden durch die Koralle gemildert. Bei Darmproblemen wirkt die Koralle abführend und hilft auch bei der Entschlackung oder bei Gewichtsproblemen. Sie wirkt auf die Ovarien (Eierstöcke), steigert dadurch die Fruchtbarkeit und lindert auch Probleme im Klimakterium (Wechseljahre). Auch bei Senilität und Altersschwäche kann man die Koralle einsetzen.

Kunzit

Zuordnungen:

Chakra: Herz-Chakra
Westl. Sternzeichen: Waage, Fische
Chin. Sternzeichen: Hund, Hase
Element: Wasser; rosa: Luft

Eigenschaften:

Farbe:	violett, hellviolett, rosig
Transparenz:	durchsichtig
Strichfarbe:	weiß
Kristallsystem:	monoklin
Mohshärte:	6,5 - 7
Dichte:	3,1 - 3,2
Chemie:	LiAl [Si2O6]
Vorkommen:	USA, Madagaskar, Brasilien, Birma, Afghanistan u.a.

Besonderheiten:

Der Kunzit ist ein sehr brüchiger Stein, am besten nicht mit Wasser entladen.

Heilwirkung:

Dieser Stein wirkt auf Verspannungen und Gelenkbeschwerden. Der Heilungsprozeß bei Blutergüssen wird durch ihn gefördert. Zur Vorbeugung gegen Thrombose ist er ebenfalls gut geeignet. Er hilft bei altersbedingten Krankheiten, wie z.B. nächtlichen Schweißausbrüchen, Arterienverkalkung oder Grauem Star. Auch Arthritis, Gicht oder Gelenkschmerzen werden ebenso wie Ischiasschmerzen oder Schulter-Nackenverspannungen durch den Kunzit beeinflußt. Er kräftigt das Herz und reguliert den Kreislauf. Man setzt ihn ein gegen Nervenleiden und -entzündungen. Er wirkt regulierend auf die Schilddrüsentätigkeit. Auch bei Drüsenfieber hilft er. – Durch seine Schwingung kann man mit Hilfe des Kunzit Blockaden im Bereich des Herz-Chakra auflösen. Er gleicht unsere Emotionen aus und wirkt positiv auf unsere Stimmung. („die Welt durch eine rosa Brille sehen....“). Sind unsere Gefühle verletzt worden, so erleichtert uns der Kunzit, mit dieser Verletzung besser umzugehen. Man kann sein Herz wieder der Liebe öffnen. – Auch auf verschiedene schwere Krankheiten soll der Kunzit heilend wirken: Man setzt ihn ein bei manisch-depressiven Menschen, bei Mongolismus, Parkinson (Schüttellähmung), Schizophrenie, Alkoholismus.

Kupfer

Zuordnungen:

Chakra: Solarplexus-Chakra
Westl. Sternzeichen: Stier, Schütze
Chin. Sternzeichen: Schlange, Ratte
Element: Erde (etwas Feuer)

Eigenschaften:

Farbe:	hellrot, kupferrot, braunrot
Transparenz:	opak
Strichfarbe:	kupferrot
Kristallsystem:	kubisch
Mohshärte:	2,5 - 3
Dichte:	8,93
Chemie:	Cu
Vorkommen:	USA, Rußland, Mexiko, Australien, Chile, Namibia u.a.

Besonderheiten:

Kupfer ist eines der Mineralien, die wir zum Schutz vor Erdstrahlen einsetzen können

Heilwirkung:

Kupfer wirkt auf vielseitige Weise. Durch seine Wirkung auf das Blut ist es ein guter Helfer auch bei Anämie. Auch schwere Krankheiten wie Epilepsie, Tuberkulose, Typhus oder Hepatitis kann man mittels Kupfer günstig beeinflussen. Es wirkt kühlend und fiebersenkend, aktiviert die Abläufe in Leber und Gehirn. Die Heilung aller entzündlichen Prozesse im Körper wird durch die Wirkung von Kupfer angeregt. Gleichermaßen als Helfer angezeigt ist Kupfer bei psychosomatischen Krankheiten: Es wirkt beruhigend auf unser Nervensystem, fördert den Schlaf, die Ausgeglichenheit und die Entspannung. Auch bei Gelenkbeschwerden und Wadenkrämpfen zeigt Kupfer eine lindernde Wirkung. Es wirkt auf das Gehirn und die Hirnrinde.

Labradorit

Zuordnungen:

Chakra: Hals-Chakra, Herz-Chakra
Westl. Sternzeichen: Steinbock, Fische
Chin. Sternzeichen: Büffel, Hase
Element: Wasser (etwas Erde)

Eigenschaften:

Farbe:	weiß, grauweiß, bräunlich, rötlich, grünlich, dunkelgrau bis grauschwarz
Transparenz:	durchsichtig bis undurchsichtig
Strichfarbe:	weiß
Kristallsystem:	triklin
Mohshärte:	6 - 6,5
Dichte:	2,61 - 2,76
Chemie:	$CaNa\ [(AlSi)_2\ Si_2O_8]$
Vorkommen:	Italien, Finnland, Rußland, Grönland, Kanada u.a.

Besonderheit:

Der Spektrolit ist ein finnischer Labradorit.

Heilwirkung:

Der Labradorit senkt den Blutdruck, wirkt ausgleichend auf den Kreislauf und den Herzrhythmus (auch bei Herzrhythmus-Störungen) und gibt uns neue Energie bei Erschöpfung. Er stärkt die Leber und die Nieren, reguliert den Säure-Basen-Haushalt des Körpers. Auch bei Rheumatismus und Gicht kann man den Labradorit somit sehr gut einsetzen. Zusätzlich mindert er Kälteempfindlichkeit und wirkt regenerierend auf die Luftwege. Er aktiviert unsere Selbstheilungskräfte. Mit seiner Hilfe können wir Gefühlsblockaden auflösen und die Schwingungen unserer Aura stabilisieren.

Lapislazuli

Zuordnungen:

Chakra: Hals-Chakra, Stirn-Chakra

Westl. Sternzeichen: Widder, Löwe, Jungfrau, Schütze, Steinbock, Wassermann, Fische

Chin. Sternzeichen: Drache, Affe, Hahn, Ratte, Büffel, Tiger, Hase

Element: Luft (etwas Feuer)

Eigenschaften:

Farbe:	blau, violett, grünlich-blau
Transparenz:	undurchsichtig
Strichfarbe:	hellblau
Kristallsystem:	kubisch
Mohshärte:	5 - 6
Dichte:	2,5 - 3
Chemie:	$(NaCa)_8\ [(SO_4SCl)_2\ \mid\ (AlSiO_4)_6]$
Vorkommen:	Rußland, Chile, Afghanistan, Birma, Kanada, USA u.a.

Besonderheiten:

Der Lapislazuli gehört aufgrund seiner vielseitigen Wirkungen mit zur Gruppe der bekanntesten Steine. Man bezeichnet ihn aufgrund seiner Ausstrahlung auch oft als einen mystischen Stein. Auch er gehört zu den porösen Steinen und sollte nicht mit Wasser in Berührung kommen.

Heilwirkung:

Man setzt den Lapislazuli ein bei Problemen mit den Haaren oder Haarausfall (Alopezie). Der Lapislazuli greift regulierend in die Tätigkeit der verschiedenen Drüsen im Körper ein. So kann man ihn auch bei allen Arten von Drüsenerkrankungen einsetzen. Auch bei tränenden Augen ist der Lapislazuli als Helfer angezeigt. Wenn jemand Probleme im Halsbereich hat, wie z.B. häufige Erkältungskrankheiten, ein Engegefühl, Heiserkeit oder Entzündungen, sollte er einen Lapislazuli tragen. Er wirkt auch stärkend auf das Gehör. Im Hautbereich wirkt der Lapislazuli auf Hautausschläge, ebenso auf Nesselsucht. Auch bei Herpes wirkt dieser Stein heilend. Er senkt zu hohen Blutdruck und reduziert auch krankhaftes Herzklopfen. Insektenstiche klingen schneller ab. Kopfschmerzen werden durch den Lapislazuli gebessert. Weiterhin setzt man ihn ein bei allen Arten von Entzündungen und zum Fiebersenken. Auch bei Epilepsie, Multipler Sklerose und Diphterie kann er helfen. – Er wirkt ausgleichend auf die Nerven, so daß er auch bei Neuritis (Nervenentzündungen) oder neuralgischen Schmerzen eingesetzt werden kann. Magenschmerzen und -krämpfe sind ebenfalls ein Einsatzbereich für den Lapislazuli. Menschen mit einem cholerischen Temperament werden durch das Tragen dieses Steines ruhiger und gelassener. – Mit seiner Hilfe kann man das Stirn-Chakra öffnen und stärken und so Zugang erhalten zu allen Fähigkeiten, die mit diesem Chakra verbunden sind (siehe auch Kapitel Chakras): verdrängte Gefühle werden bewußt, der Weg zur Intuition wird frei. Selbst schüchterne Menschen werden offener für ihre Umwelt und können besser auf diese zugehen und mit ihr umgehen. Das Schließen von Kompromissen wird erleichtert. Der Lapislazuli fördert die Selbständigkeit und das Selbstvertrauen. Ebenso kann man den Lapislazuli gegen Ängste und Depressionen oder Melancholie einsetzen. Er hilft uns bei der Auflösung von inneren Problemen und hilft uns, unser Schicksal so anzunehmen, wie es ist. Er fördert die Disziplin.

Larimar (Pektolith)

Zuordnungen:

Chakra: Hals-Chakra
Westl. Sternzeichen: Löwe
Chin. Sternzeichen: Affe
Element: Wasser

Eigenschaften:

Farbe:	bläulich bis grünlich-weiß
Transparenz:	durchscheinend bis durchsichtig
Strichfarbe:	weiß
Kristallsystem:	triklin
Mohshärte:	4,5 - 5
Dichte:	2,74 - 2,88
Chemie:	$Ca_2Na [HSi_3O_9]$
Vorkommen:	Dominikanische Republik

Heilwirkung:

Der Larimar wirkt harmonisierend und gleichzeitig aufbauend auf die Selbstheilungskräfte unseres Körpers. Er wirkt stark auf den Kopf-, Hals- und Brustbereich ein. Außerdem stimuliert der Einsatz des Larimar die Gehirntätigkeit. – Der Larimar gibt uns die Energie zur Verwirklichung von Ideen, fördert das geistige Wachstum. So kommen wir zu neuen Erkenntnissen, die wir mit Hilfe des Larimar auch umsetzen und in unser Leben integrieren können. Er holt uns aus der Passivität heraus und fördert unsere Tatkraft.

Lazulith (Blauspat)

Zuordnungen:

Chakra: Stirn-Chakra
Westl. Sternzeichen: Zwillinge, Schütze
Chin. Sternzeichen: Pferd, Ratte
Element: Luft

Eigenschaften:

Farbe:	blau, blaugrün, blauweiß
Transparenz:	durchscheinend, opak
Strichfarbe:	weiß
Kristallsystem:	monoklin
Mohshärte:	5 - 6
Dichte:	3
Chemie:	$(Mg,Fe)\ Al_2\ [OH \mid PO_4]_2$
Vorkommen:	Österreich, Schweiz, Schweden, Brasilien, Madagaskar, USA u.a.

Heilwirkung:

Lazulith hat eine stark harmonisierende Wirkung sowohl auf die Epiphyse (Zirbeldrüse) als auch die Hypophyse (Hirnanhangdrüse). So wirkt er indirekt auch regulierend auf unseren Hormonhaushalt. Er stärkt die Nerven und beruhigt. Er führt uns in die Tiefe unserer Seele und hilft uns beim Nachdenken. Durch den Lazulith bekommen wir die Muße und den Mut, uns unser Leben anzusehen und den für uns meist verborgenen Sinn darin zu suchen und zu finden.

Lepidolith

(Lithiumglimmer)

Zuordnungen:

Chakra: Scheitel-Chakra
Westl. Sternzeichen: Waage
Chin. Sternzeichen: Hund
Element: Luft

Eigenschaften:

Farbe:	violett, hellrot, grau, grünlich
Transparenz:	durchscheinend bis durchsichtig
Strichfarbe:	weiß, hellrosa
Kristallsystem:	monoklin
Mohshärte:	2,5 - 3
Dichte:	2,8 - 2,9
Chemie:	$K(LiAl)_3\ [(OH,F)_2\ \vert\ (AlSi)_4O_{10}]$
Vorkommen:	USA, Madagaskar, Mocambique, Japan, Brasilien u.a.

Besonderheiten:

Beim Lepidolith handelt es sich um einen empfindlichen und porösen Stein. Wasserkontakt möglichst vermeiden.

Heilwirkung:

Der Lepidolith hilft uns durch die Abgrenzung gegenüber seelischen Belastungen bei der Ablenkung von Problemen und wirkt somit gegen Ängste und Ärger. Er stimuliert die Funktion der Zirbeldrüse. Im Bereich der Haut stärkt er das Bindegewebe und wird auch bei Hautkrankheiten eingesetzt. Auch auf das Hormonsystem und die Drüsen unseres Körpers wirkt er. Nervenschmerzen und Neuralgien (Nervenentzündungen) werden durch den Lepidolith gelindert. – Seine beruhigende Wirkung begleitet uns ebenso in der Nacht: bei Schlafstörungen, auch wenn sie durch zu viel Streß oder Überaktivität hervorgerufen werden (z.B. bei Kindern!) oder Problemen mit dem Schlafen sollte man sich einen Lepidolith unter das Kopfkissen legen. Er fördert unsere Selbstdisziplin und aktiviert unsere Entscheidungskraft. So können wir die Ziele unseres Lebens mit Hilfe eines Lepidolith besser erreichen.

Magnesit

Zuordnungen:

Chakra: Sakral-Chakra
Westl. Sternzeichen: Widder
Chin. Sternzeichen: Drache
Element: Luft

Eigenschaften:

Farbe:	weiß, grau, gelb, braun
Transparenz:	durchsichtig, durchscheinend
Strichfarbe:	weiß
Kristallsystem:	trigonal
Mohshärte:	4 - 4,5
Dichte:	3
Chemie:	$MgCO_3$
Vorkommen:	Österreich, Griechenland, Rußland, Australien, China u.a.

Heilwirkung:

Dieser Stein ist eine große Hilfe für alle Menschen mit Gewichtsproblemen. Er hilft beim Abnehmen, indem die Verdauung und die Entgiftung des Körpers angeregt wird, stärkt außerdem die Bauchspeicheldrüse und senkt den Cholesterinspiegel. Darüber hinaus benutzt man ihn bei Verdauungsproblemen oder Magenschmerzen. - Durch den Magnesit werden die Magnesiumspeicher im Körper wieder aufgefüllt. Daher ist er auch ein guter Stein bei allen Arten von Muskelkrämpfen. Zudem stärkt er die Zähne, das Herz und die Gefäße. Auch bei Kopfschmerzen, rheumatischen Erkrankungen und Neuralgien steht uns der Magnesit hilfreich zur Seite. - Der Magnesit ist ein guter Stein für die Entspannung: Erregungszustände verschwinden, Ruhe und Gelassenheit kehren ein.

Magnetit

(Magneteisenerz)

Zuordnungen:

Chakra: Wurzel-Chakra
Westl. Sternzeichen: Widder, Jungfrau, Steinbock, Wassermann
Chin. Sternzeichen: Drache, Hahn, Büffel, Tiger
Element: Erde

Eigenschaften:

Farbe:	schwarz
Transparenz:	opak
Strichfarbe:	schwarz
Kristallsystem:	kubisch
Mohshärte:	5,5 - 6,5
Dichte:	5,2
Chemie:	Fe_3O_4
Vorkommen:	Deutschland, Skandinavien, Rumänien, Österreich, Schweiz, Australien, Brasilien, USA u.a.

Heilwirkung:

Der Magnetit löst Blockaden jeder Art und fördert so den Energiefluß in allen Bereichen. Man setzt ihn ein z.B. bei Bandscheiben- und Wirbelsäulenproblemen, bei Hexenschuß, bei Gelenkproblemen und Verspannungen, bei Rheuma, bei Genickstarre, bei Frakturen (Knochenbrüchen), Tennisarm, Narbenbeschwerden. Dieser Stein wirkt auf die Hirnanhangdrüse (Hypophyse) und reguliert den Hormonhaushalt. Durch Magnetismus regt er die Neubildung von Zellen im Körper an. Auch auf unser Bindegewebe hat der Magnetit einen positiven Einfluß. Man benutzt ihn ebenfalls sowohl gegen Krämpfe, als auch bei Lungenentzündung, bei Nervenentzündungen. – Der Magnetit fördert unser Bewußtsein und unsere Tatkraft, ohne daß dabei die Entspannung vernachlässigt wird. Auch auf psychosomatische Störungen wirkt er regulierend.

Malachit (Kupferspat)

Zuordnungen:

Chakra: alle Chakras, besonders aber Herz-Chakra

Westl. Sternzeichen: Stier, Waage, Skorpion, Steinbock, Wassermann

Chin. Sternzeichen: Schlange, Hund, Schwein, Büffel, Tiger

Element: Erde

Eigenschaften:

Farbe:	grün, schwarzgrün
Transparenz:	durchscheinend, opak
Strichfarbe:	hellgrün
Kristallsystem:	monoklin
Mohshärte:	3,5 - 4
Dichte:	3,25 - 4,10
Chemie:	$Cu_2 [(OH)_2 \mid CO_3]$
Vorkommen:	Deutschland, Frankreich, Rumänien, Rußland, Zaire, Namibia, USA u.a.

Besonderheiten:

Der Malachit ist ein sehr empfindlicher Stein, er sollte weder mit Wasser in Berührung kommen, noch der Sonne ausgesetzt werden. Am besten verwendet man Hämatit oder Bergkristall zum Aufladen.

Heilwirkung:

Der Malachit wird eingesetzt bei allen Arten von Eiterungen und Entzündungen (z.B. Arthritis, Bindehautentzündung, Mandelentzündung, Lungenentzündung, Nierenentzündung, Mittelohrentzündung, Zahnfleischentzündung, Sehnenentzündung, Gelenkentzündung, Milchdrüsenentzündung). Auch bei Ermüdungserscheinungen der Augen durch Überanstrengung hat er sich bewährt. Er soll das Sehvermögen generell verbessern. – Der Malachit stärkt die Bauchspeicheldrüse und unterstützt die Entgiftung und Entsäuerung des Körpers. Durch den Malachit werden die

Selbstheilungskräfte unseres Körpers aktiviert. Er wirkt auf das Herz-Chakra, stärkt den Herzmuskel, gleicht den Herzrhythmus aus und wirkt so auch bei Herzschwäche, Herzschmerzen, Herzneurosen, Herzrasen. – Man setzt ihn ebenfalls bei Frauenleiden ein, auch bei schmerzhafter Menses (Monatsblutungen) oder Mensesstörungen (zu früh oder zu spät einsetzend), aber auch bei der Geburt, zur Erleichterung der Wehentätigkeit. Zudem gilt er als ein Stein, der Fruchtbarkeit fördert (sowohl bei Männern als auch bei Frauen). – Bei allen Koliken und krampfartigen Schmerzen hilft der Malachit bei deren Auflösung. Ebenso setzt man ihn ein bei Bandscheibenproblemen oder bei Wirbelbrüchen (Diskushernie) zur Stärkung der Wirbelsäule. Verstauchungen, Wunden und Narben verheilen besser und schneller durch den Einsatz des Malachit. – Auch bei Asthma-Erkrankungen kann man den Malachit mit seiner krampflösenden Wirkung gut einsetzen. Sowohl Magengeschwüre als auch Hämorrhoiden kann man durch einen Malachat positiv beeinflussen. Er wirkt außerdem stärkend auf die Bauchspeicheldrüse und die Milz. – Bei ernsthaften Erkrankungen hilft uns der Malachit ebenfalls: gleich ob Kinderlähmung (Polio), Krebstumore, Multiple Sklerose (MS) oder Parkinson. Zusätzlich wirkt der Malachit auch bei allen Knochenleiden, Rheuma, Genickstarre, Nackenverspannungen, Gelenkschmerzen, Kreislaufproblemen, Leberproblemen, Milzstörungen, Nierenschmerzen, Windpocken, Zahnschmerzen, Verdauungsproblemen, Kopfschmerzen. – Mit Hilfe des Malachit kann man auch geistige Blokkaden auflösen und so das geistige Wachstum fördern. Die Seelenwelt öffnet sich und gibt uns Einblick in unsere Träume. Unterdrückte Gefühle werden bewußt gemacht, seelische Wunden heilen. So kommen wir durch den Malachit nach und nach wieder in unser seelisches Gleichgewicht, Harmonie kehrt ein.

Markasit

Zuordnungen:

Chakra: Solarplexus-Chakra
Westl. Sternzeichen: Löwe
Chin. Sternzeichen: Affe
Element: Feuer, Erde

Eigenschaften:

Farbe:	messinggelb mit Grünton
Transparenz:	opak
Strichfarbe:	grüngrau, schwarzgrau
Kristallsystem:	rhombisch
Mohshärte:	6 - 6,5
Dichte:	4,8 - 4,9
Chemie:	FeS_2
Vorkommen:	Deutschland, Rußland, USA, Mexiko, Chile u.a.

Besonderheiten:

Der Markasit hat einen großen Anteil von Schwefel und sollte daher nicht mit Wasser in Berührung kommen.

Heilwirkung:

Der Markasit fördert die Entgiftung durch seine Wirkung auf die Leber und aktiviert die Selbstheilungskräfte im Körper. Durch seinen Einsatz können wir unsere eigenen Bedürfnisse erkennen und lernen, diese auch zu leben, allerdings ohne die Kompromißbereitschaft zu vernachlässigen, die im Leben durch den Umgang mit andern Menschen immer erforderlich ist. Bei bereits im Körper manifestierten Krankheiten hilft uns der Markasit, die Ursachen dafür zu erkennen.

Marmor

Zuordnungen:

Chakra: Solarplexus-Chakra
Westl. Sternzeichen: Krebs
Chin. Sternzeichen: Ziege
Element: Erde, weiß: Luft

Eigenschaften:

Farbe:	weiß, braun, beige
Transparenz:	durchscheinend
Strichfarbe:	weiß, braun, gelblich
Kristallsystem:	trigonal
Mohshärte:	3 - 3,5
Dichte:	2,7 - 2,9
Chemie:	$CaCo_3$
Vorkommen:	Italien, Frankreich, Spanien, Griechenland, USA u.a.

Heilwirkung:

Marmor wirkt positiv auf den Kalzium-Stoffwechsel und regt die Funktion des Immunsystems an. Er steigert unsere Tatkraft und Kreativität. Er fördert die Einsicht. So können wir Probleme in unserem Leben erkennen und leichter auflösen. Auch dabei unterstützt uns der Marmor, indem er uns die Kraft und den Mut hierfür gibt. So steigert er unsere Zufriedenheit mit dem Leben.

Moldavit (Glasmeteorit)

Zuordnungen:

Chakra: Herz-Chakra, Stirn-Chakra

Westl. Sternzeichen: alle, hauptsächlich aber Skorpion

Element: Erde

Eigenschaften:

Farbe:	grün bis braungrün
Transparenz:	durchsichtig bis undurchsichtig
Strichfarbe:	weiß
Kristallsystem:	amorph
Mohshärte:	5,5
Dichte:	2,32 - 2,38
Chemie:	SiO_2 ($+Al_2O_3$)
Vorkommen:	Australien, USA, China, Borneo u.a.

Besonderheiten:

Der Moldavit ist ein „Stein aus dem Weltall". Es handelt sich um ein Meteoritgestein, das vor ca. 15 Mio. Jahren durch einen Meteoriteneinschlag in der Nähe der Moldau auf die Erde kam. Seine Wirkung ist der des Meteoriten daher ähnlich, seine Energie stammt nicht ursprünglich von der Erde und diese Schwingung ist für viele Menschen deutlich spürbar. Er ist verwandt mit dem Tektit.

Heilwirkung:

Der Moldavit wird eingesetzt bei Anämie. Er steigert die Funktion der Atemwege. Auch bei Grippe und grippalen Infekten zeigt er Wirkung. Ganz allgemein regt er die Heilkräfte im ganzen Körper an. Er schützt uns vor den Auswirkungen von Erdstrahlen. – Sein Hauptwirkungsbereich liegt jedoch auf der spirituellen Ebene: Mit Hilfe des Moldavit können wir unser höheres Bewußtsein aktivieren und die Meditation vertiefen. Er fördert unser Einfühlungsvermögen. Durch den regelmäßigen Einsatz des Moldavit steigert unsere Fähigkeit für außersinnliche Wahrnehmungen und führt uns so zu Erkenntnissen, die nicht jedermann zugänglich sind. Bei Krankheiten läßt er uns die Ursache hierfür erkennen und zeigt uns den persönlichen Krankheitsgewinn. So erhält man Zugang zu den Informationen, was für einen Sinn unser Leben hier hat und hilft uns bei der Auflösung von Problemen. Er fördert zudem die telepathischen Fähigkeiten und Hellsichtigkeit. – Legt man sich einen Moldavit unter das Kopfkissen, so fördert er die Träume und ermöglicht auch die Erinnerung daran. Da der Moldavit eine sehr starke und tiefgreifende Wirkung hat, sollte man ihn wohlüberlegt und dosiert einsetzen.

Mondstein

Zuordnungen:

Chakra: Sakral-Chakra, Hals-Chakra
Westl. Sternzeichen: Krebs, Steinbock, Fische
Chin. Sternzeichen: Ziege, Büffel, Hase
Element: Wasser

Eigenschaften:

Farbe:	farblos, gelb
Transparenz:	durchsichtig
Strichfarbe:	weiß
Kristallsystem:	monoklin
Mohshärte:	6 - 6,5
Dichte:	2,56 - 2,59
Chemie:	$K [AlSi_3O_8]$
Vorkommen:	Sri Lanka, Birma, Brasilien, Indien, Madagaskar, USA u.a.

Besonderheiten:

Der Mondstein hat eine weiche, harmonische Schwingung. Daher sollte man ihn nicht in die Sonne legen, sondern im Mondlicht aufladen.

Heilwirkung:

Der Mondstein ist einer der bekanntesten Steine mit einem sehr großen Wirkungsbereich. Er wird der sogenannten weiblichen Ebene zugeordnet. Aufgrund seines Aussehens und seiner Ausstrahlung fühlen sich sehr wenige Männer von einem Mondstein angesprochen. – Mondsteine wirken anregend auf die Tätigkeit der Zirbeldrüse. Sie harmonisieren sowohl Körper als auch Seele. Bei allen Problemen, die direkt oder indirekt mit dem Hormonhaushalt zu tun haben, bringt uns der Mondstein Hilfe: Er gleicht den Hormonhaushalt aus, hat eine anregende Wirkung auf die Ovarien (Eierstöcke) steigert die Fruchtbarkeit, kann sowohl bei Mensesbeschwerden (Menses: Monatsblutungen) als auch -störungen und Wechseljahresproblematiken helfen. Ebenso wirkt er auf die Knochen und damit vorbeugend gegen Osteoporose. Auch bei hormonell bedingtem Haarausfall läßt sich der Mondstein gut einsetzen. – Er wirkt ausgleichend und stärkend auf den Lymphfluß und kann so auch bei Lymphstaus, Wasseransammlungen (auch Wassersucht) oder geschwollenen Gliedmaßen helfen. – Der Mondstein wirkt beruhigend, auch bei Anfällen von irrationalen Ängsten oder gar Irrsinn, Schizophrenie oder Wahnvorstellung hat er sich bewährt. Viele Menschen leiden in der Zeit von Neumond oder Vollmond unter Schlafstörungen, Abgeschlagenheit oder Gereiztheit: Versuchen Sie einmal, einen Mondstein in dieser Zeit unter ihr Kopfkissen zu legen. In der Nacht ist die Zeit des Unbewußten: auch bei allen Botschaften unseres Unbewußten hilft uns der Mondstein sowohl beim Erkennen als auch beim Auflösen: So gibt er uns z.B. die Erinnerung an Träume, zeigt uns unsere Konflikte mit Emotionen. Er fördert nicht nur unser innerliches Wachstum: da er auch die Intuition stärkt, können mit seiner Hilfe mediale Fähigkeiten geweckt und stabilisiert werden. Auch Hellsichtigkeit ist schon durch die Wirkung des Mondsteins erreicht worden.

Mookait

Zuordnungen:

Chakra:	Wurzel-Chakra
Element:	Feuer

Eigenschaften:

Farbe:	rosa bis hellrot
Transparenz:	undurchsichtig
Strichfarbe:	rot, weiß
Kristallsystem:	trigonal
Mohshärte:	6,5 - 7
Dichte:	2,58 - 2,91
Chemie:	SiO_2
Vorkommen:	Australien, USA, Brasilien u.a.

Besonderheiten:

Der Mookait ist eine Jaspis-Varietät.

Heilwirkung:

Der Mookait wirkt harmonisierend auf den ganzen Körper und beschleunigt die Wundheilung. Man setzt ihn ebenfalls ein bei Eiterungen, Ekzemen, Abszessen und Furunkeln, da er die Fähigkeit hat, Eiterherde aufzulösen. Außerdem stärkt er die Bauchspeicheldrüse und das Immunsystem. Auf das Blut hat er eine reinigende Wirkung. Er vitalisiert, gibt uns Kraft, erleichtert dadurch körperliche Anstrengungen und hilft uns nach einer Überanstrengung, diese zu verarbeiten. – Der Mookait macht ausgeglichen, gibt uns ein Gefühl der inneren Ruhe und des Friedens. So wie er uns auf der körperlichen Ebene bei Überanstrengungen hilft, tut er dies entsprechend auch bei der Verarbeitung von geistigen Anstrengungen.

Moosachat

Zuordnungen:

Chakra: Wurzel-Chakra, Herz-Chakra
Westl. Sternzeichen: Zwillinge, Krebs
Chin. Sternzeichen: Pferd, Ziege
Element: Erde

Eigenschaften:

Farbe:	moosähnlich, grüne und braune Einlagerungen
Transparenz:	durchscheinend
Strichfarbe:	weiß
Kristallsystem:	trigonal
Mohshärte:	6 - 7
Dichte:	2,59 - 2,61
Chemie:	SiO_2
Vorkommen:	USA, China, Rußland, Brasilien, Indien u.a.

Heilwirkung:

Der Moosachat wirkt auf die Atemwege und die Stirnhöhle. Nicht nur an diesen Stellen, sondern im ganzen Körper fördert er die Ausscheidungen. Er stärkt die Bauchspeicheldrüse. Man kann ihn auch bei Darmerkrankungen und Darmproblemen sehr gut einsetzen, bis hin zu Problemen mit der Darmflora. Er übt eine harmonisierende Wirkung aus. Er reguliert die Verdauung und hilft dem Körper, Verdauungsenzyme zu bilden. – Durch seine Wirkung auf das Immunsystem schützt er uns vor Infekten. Seine abschwellende Wirkung erstreckt sich auch auf die Lymphdrüsen. Auch bei allen Arten von Entzündungen, innerlich wie äußerlich, sollte man den Moosachat einsetzen. – Bei Schwangeren hilft er bei Schwangerschaftserbrechen und übertriebenen Ekelgefühlen, zusätzlich fördert er das Wachstum des Embryos. – Er senkt das Fieber und fördert die Erholung. Auch bei körperlicher Erschöpfung gibt er uns neue Kraft und fördert unsere Beweglichkeit. – Bei allen psychosomatischen Störungen oder Erkrankungen kann uns der Moosachat sehr hilfreich sein. – Er nimmt Angst, macht Hoffnung und gibt uns Mut, hilft uns bei der Entwicklung neuer Lebensstrategien und fördert unsere Kreativität.

Moqui Marbles

(Lebende Steine)

Zuordnungen:

Chakra: Wurzel-Chakra
Westl. Sternzeichen: Waage, Schütze, Wassermann
Chin. Sternzeichen: Hund, Ratte, Tiger
Element: Erde

Eigenschaften:

Farbe:	sand- bis erdfarben
Transparenz:	opak
Strichfarbe:	braun
Kristallsystem:	rhombisch
Mohshärte:	5 - 5,5
Dichte:	3 - 3,5
Chemie:	SiO_2
Vorkommen:	USA

Besonderheiten:

Die Moqui Marbles gehören zu den porösen Steinen, daher sollte man mit Wasserkontakt vorsichtig sein.

Heilwirkung:

Moquis wirken auf die Blutbildung und regen das Immunsystem an. Sie helfen uns, das Gefühl für den eigenen Körper zurückzubekommen. So können wir Signale von Überarbeitung und Überreizung, die unser Körper uns sendet, leichter wahrnehmen. Da sie die Erholung und Regenerationsfähigkeit des Körpers fördern, kann man sie auch sehr gut bei Einschlafstörungen einsetzen. Darüber hinaus verhelfen Sie uns zu erholsamem und tiefem Schlaf.

Morganit

Zuordnungen:

Chakra: Herz-Chakra
Westl. Sternzeichen: Waage
Chin. Sternzeichen: Hund
Element: Luft (etwas Erde)

Eigenschaften:

Farbe:	rosa, violett, lachsfarben
Transparenz:	durchsichtig bis durchscheinend
Strichfarbe:	weiß
Kristallsystem:	hexagonal
Mohshärte:	7,5 - 8
Dichte:	2,71 - 2,9
Chemie:	$Al_2Be_3 [Si_6O_{18}]$
Vorkommen:	Madagaskar, USA, Brasilien, Mocambique, Simbabwe, Rußland u.a.

Besonderheiten:

Der Morganit gehört zur Gruppe der Berylle.

Heilwirkung:

Der Morganit wirkt beruhigend auf das Nervensystem und bringt uns in unser seelisches Gleichgewicht. Dadurch läßt er uns Streß besser verarbeiten. Auch Menschen, die durch ihre Arbeit sehr unter Spannung stehen, hilft er, ruhiger und gelassener mit dem Alltag umzugehen. Zusätzlich hat der Morganit eine anregende Wirkung auf den Stoffwechsel, er strafft das Gewebe und stärkt die Muskeln. - Setzt man den Morganit bei der Meditation ein, steigert er die innere Ruhe und fördert die Fähigkeit der Hellsichtigkeit. Er öffnet die Seele und holt unterdrückte Gefühle an die Oberfläche. So können wir auch mit seiner Hilfe verdrängte Seelenanteile und Charaktereigenschaften in unsere Persönlichkeit integrieren (Schattenintegration).

Muskovit

Zuordnungen:

Chakra: Hals-Chakra, Stirn-Chakra
Westl. Sternzeichen: Löwe
Chin. Sternzeichen: Affe
Element: Erde

Eigenschaften:

Farbe:	grau, silberweiß, grünlich, gelblich, rosa, auch farblos
Transparenz:	durchsichtig, durchscheinend
Strichfarbe:	weiß
Kristallsystem:	monoklin
Mohshärte:	2 - 2,5
Dichte:	2,7 - 2,8
Chemie:	$KAl_2\ [(OH,F)_2\ \vert\ AlSi_3O_{10}]$
Vorkommen:	Skandinavien, Rußland, Österreich, Deutschland, Indien, USA u.a.

Besonderheiten:

Der Muskovit ist verwandt mit dem Fuchsit.

Heilwirkung:

Der Muskovit wirkt auf die Nerven, und ist daher auch einzusetzen bei allen Herz- und Magenproblemen, die durch Streß verursacht wurden. Hierzu gehören unter anderem Herzrhythmus-Störungen, Herzneurosen, Magenschmerzen, Druck im Magen, auch Magengeschwüre werden durch ihn beeinflußt. Er stärkt Galle, Gallenblase und Nieren. – Der Muskovit wirkt gegen Angst im allgemeinen, gegen Angstzustände und löst auch unbewußte Ängste auf. Er wirkt beruhigend und hilft bei Nervosität.

Nephrit (Beilstein)

Zuordnungen:

Chakra: Sakral-Chakra, Herz-Chakra
Westl. Sternzeichen: Waage
Chin. Sternzeichen: Hund
Element: Erde

Eigenschaften:

Farbe:	grün
Transparenz:	durchscheinend, undurchsichtig
Strichfarbe:	weiß
Kristallsystem:	monoklin
Mohshärte:	6 - 6,5
Dichte:	3 - 3,2
Chemie:	$Ca_2\ (MgFe^{2+})_5\ [OH\ \vert\ Si_4O_{11}]_2$
Vorkommen:	Deutschland, Polen, Rußland, Neuseeland, Alaska, Kanada, Australien, USA, Mexiko u.a.

Heilwirkung:

Der Nephrit gleicht die Strömung der Körperflüssigkeiten und das Säure-Basen-Gleichgewicht aus. Auch bei Bauch- und Magenproblemen setzt man ihn ein. Zusätzlich kann man ihn verwenden bei Blähungen sowie bei Nierenproblemen und Erkrankungen im Nierenbereich. Er hilft unserem Körper bei der Entgiftung. Der Nephrit baut Spannungen ab und löst Ablagerungen im Körper auf.

Obsidian

Zuordnungen:

Chakra: Wurzel-Chakra
Westl. Sternzeichen: Skorpion, Schütze, Steinbock, Wassermann
Indian. Sternzeichen: Eule
Chin. Sternzeichen: Schwein, Ratte, Büffel, Tiger
Element: Erde

Eigenschaften:

Farbe:	schwarz, grau, braun, grün, gelb
Transparenz:	durchscheinend, undurchsichtig
Strichfarbe:	weiß
Kristallsystem:	amorph
Mohshärte:	5 - 5,5
Dichte:	2,35 - 2,6
Chemie:	SiO_2
Vorkommen:	Ecuador, Indonesien, Irland, Japan, Mexiko, USA u.a.

Obsidianarten:

Gold-Obsidian	Farbe: goldschimmernd
Schwarzer Obsidian	Farbe: schwarz
Rauchobsidian	Farbe: grau, gräulich
Mahagoni-Obsidian	Farbe: rotbraun, schwarz
Schneeflocken-Obsidian	Farbe: schwarzweiß, grauweiß
Schneeflocken-Obsidian	Farbe: schwarzweiß

Heilwirkung:

Obsidiane beschleunigen durch ihre antibakterielle Wirkung die Wundheilung und wirken gegen Entzündungen. Sie wirken positiv bei Allergien. Blockaden im Energiesystem werden auf allen Ebenen aufgelöst und abgebaut. Sie wirken erdend, und man setzt sie ein gegen Angstzustände und Depressionen. - Sie regen die Durchblutung an und stärken den Darm. Die Verdauung wird angeregt. Ebenso wirken sie gegen Gleichgewichtsstörungen, Wetterfühligkeit und bei Reisekrankheiten (auch Seekrankheit). Auch bei Knochenschmerzen, Leistenschmerzen und Muskelreizungen oder -entzündungen sind sie hilfreich. Sie helfen uns bei der Auflösung von Schocks und Traumata und nehmen uns Schmerzen im körperlichen wie im seelischen Bereich. – Durch ihre Hilfe können wir unser höheres Bewußtsein aktivieren und verdrängte Bewußtseinsinhalte wieder in unsere Erinnerung bringen. So können einem Obsidiane auch bei der Integration von verdrängten Seelenanteilen behilflich sein (Schattenarbeit). Sie fördern die Anlagen der Hellsichtigkeit.

Onyx

Zuordnungen:

Chakra: Wurzel-Chakra
Westl. Sternzeichen: Schütze, Steinbock, Wassermann
Chin. Sternzeichen: Ratte, Büffel, Tiger
Element: Erde

Eigenschaften:

Farbe:	schwarzweiß
Transparenz:	durchscheinend
Strichfarbe:	weiß
Kristallsystem:	trigonal
Mohshärte:	6 - 7
Dichte:	2,59 - 2,61
Chemie:	SiO_2 + FeMn
Vorkommen:	Brasilien, Uruguay, Indien u.a.

Heilwirkung:

Onyx hat eine starke Wirkung auf die Gehirntätigkeit, so benutzt man ihn z.B. bei Alzheimer-Erkrankungen, Epilepsie sowie bei apathischen Zuständen. Er fördert die Konzentration und das analytische Denkvermögen. Er wirkt auch auf die Ohren und wird hier eingesetzt bei Innenohr-Erkrankungen, Hörgeräuschen, Gehörschwäche oder Hörsturz. – Er wirkt auf Tumore aller Art. – Onyx schützt vor negativen Einflüssen und Energien, er mindert unsere Beeinflußbarkeit, fördert ein gesundes Ego und nimmt Gefühle der Negativität. Auch bei Kummer und Melancholie (ist ja auch eine Art negativer Energie) ist er hilfreich. – Bei tränenden Augen oder Schwäche der Sehkraft wirkt der Onyx ebenfalls. Zusätzlich wirkt Onyx stärkend auf unser

Immunsystem und schützt uns so vor Infektionen. Er steigert unsere Konzentration und gibt uns Selbstbewußtsein.

Opal

Zuordnungen:

Westl. Sternzeichen: Krebs, Jungfrau, Schütze, Wassermann, Fische
Indian. Sternzeichen: Falke
Chin. Sternzeichen: Ziege, Hahn, Ratte, Tiger, Hase
Element: Wasser, Luft

Eigenschaften:

Farbe:	verschiedene Farben
Transparenz:	durchsichtig, durchscheinend, manchmal undurchsichtig
Strichfarbe:	weiß
Kristallsystem:	amorph
Mohshärte:	5,5 - 6,6
Dichte:	2,1 - 2,2
Chemie:	SiO2 . n H2O
Vorkommen:	Mexiko, Australien, Ungarn u.a.

Opalarten:

Andenopal	Farbe: milchigtrüb
Gemeiner Opal	siehe Einzelbeschreibung Opalit
Edelopal	Farbe: grünbraun
Feueropal	siehe Einzelbeschreibung
Milchopal	Farbe: milchweiß, gelbweiß
Moosopal	Farbe: grün, dunkelgrün
Weißer Opal	Farbe: weiß

Heilwirkung:

Opale haben vielseitige Einsatzgebiete: sie stärken die Atemwege, verringern die

Blutgerinnung, wirken gegen Ängste und Beklemmungsgefühle, auch bei Angst vor der Dunkelheit, bei apathischen Zuständen, muntern uns auf, wirken gegen Depressionen und Apathie, lösen emotionale Blockaden, verringern die Blutgerinnung, werden auch bei Blutkrebs (Leukämie) eingesetzt, bei Krampfadern, fördern das Knochenwachstum, helfen bei Magenbeschwerden, verbessern die Sauerstoffaufnahme, helfen gegen Ödeme (Wassereinlagerungen), gleichen die Körperflüssigkeiten aus, stärken den Kreislauf, fördern die Kommunikation und die Kreativität, helfen uns, unsere Bedürfnisse zu erkennen und auszudrücken, regen die Phantasie an, fördern die Beständigkeit, lindern Schmerzen, bauen Schuldgefühle ab, helfen gegen Schüchternheit. Sie fördern die Weisheit.

Opalit (Gemeiner Opal)

Zuordnungen:

Chakra: alle Chakras
Element: Erde

Eigenschaften:

Farbe:	gelb, braun, rötlich
Transparenz:	durchscheinend, undurchsichtig
Strichfarbe:	weiß bis gelblich
Kristallsystem:	amorph
Mohshärte:	5,5 - 6
Dichte:	2,6 - 2,9
Chemie:	$SiO2 . n H2O$
Vorkommen:	Mexiko, Australien u.a.

Heilwirkung:

Der Opalit hat eine harmonisierende Wirkung auf alle Chakras und stabilisiert über diesen Weg die Aura. Er regt die Selbstheilungskräfte des Körpers an und verbessert die Sauerstoffaufnahme. So ist er auch hilfreich bei allen Raucherkrankheiten (z.B. Kurzatmigkeit, Raucherhusten, Durchblutungsstörungen in den Gliedern durch geringe Sauerstoffaufnahme). Auch bei Erkrankungen der Bauchspeicheldrüse kann er gute Dienste leisten. – Er beruhigt und hilft bei Schlafstörungen. Er hilft uns bei der Abgrenzung gegenüber anderen, wirft uns sozusagen auf uns selbst zurück und zeigt uns den Sinn und Zweck unseres Lebensweges.

Orthoklas (Feldspat)

Zuordnungen:

Chakra: Solarplexus-Chakra
Westl. Sternzeichen: Krebs
Chin. Sternzeichen: Ziege
Element: Luft

Eigenschaften:

Farbe:	farblos, weiß, gelblich, bräunlich, rötlich
Transparenz:	durchsichtig bis durchscheinend
Strichfarbe:	weiß
Kristallsystem:	monoklin
Mohshärte:	6 - 6,5
Dichte:	2,56 - 2,62
Chemie:	$K [AlSi_3O_8]$
Vorkommen:	Frankreich, Italien, Kanada, USA, Japan, Kenia, Madagaskar u.a.

Heilwirkung:

Den Orthoklas benutzt man zur Auflösung von Beklemmungsgefühlen und Depressionen. Er steigert die Lebensfreude und ist so auch hilfreich bei Kummer und Sorgen: Herzprobleme, Magenschmerzen, Schlaflosigkeit, innere Unruhe können durch seinen Einsatz verschwinden. Er fördert unseren Optimismus und unser Vertrauen in den Fluß des Lebens.

Peridot

(Olivin/Chrysolith/Tsilasit/
Gelber Turmalin))

Zuordnungen:

Chakra: Herz-Chakra
Westl. Sternzeichen: Zwillinge, Löwe, Krebs
Indian. Sternzeichen: Gans
Chin. Sternzeichen: Pferd, Affe, Ziege
Element: Erde

Eigenschaften:

Farbe:	gelbgrün, olivgrün, grünschwarz
Transparenz:	durchsichtig, durchscheinend
Strichfarbe:	weiß
Kristallsystem:	rhombisch
Mohshärte:	6,5 - 7
Dichte:	3,3
Chemie:	$(MgFe)_2\ [SiO_4]$
Vorkommen:	Irland, Schweden, Frankreich, USA u.a.

Besonderheiten:

Der Peridot ist auch unter dem Namen Olivin oder Chrysolith bekannt.

Heilwirkung:

Der Peridot wirkt im Hautbereich auf Akne, Ekzeme, Herpes, Pickel, Flechten, Nesselsucht, Schuppenflechte (Psoriasis), Hautausschläge, Hautreizungen. Er strafft das Gewebe. - Auch auf den Darm hat er Auswirkungen. Hier setzt man ihn ein bei Verstopfung, Blähungen mit Völlegefühl, bei Darmentzündungen sowie zur Anregung des Stoffwechsels. - Er sorgt für die Bildung von weißen Blutkörperchen, unterstützt die Entgiftung des Körpers, wirkt fiebersenkend, sorgt für eine Optimierung der Gallenfunktion. Sehr hilfreich ist er auch bei Krankheiten wie Gicht, Rheumatismus oder Epilepsie. - Der Peridot wirkt auf die Thymusdrüse und fördert dadurch die Lebenskraft und damit die Rekonvaleszenz. Man setzt ihn ebenfalls ein bei Melancholie und Depressionen, negativen Gedanken, Schuldgefühlen, Leistungsabfall, bei manisch-depressivem Verhalten, Schlaflosigkeit durch Sorgen, Selbstvorwürfen, Selbstmitleid, Wahnvorstellungen, Schwermut und Trübsinn. - Durch seine Wirkung lernen wir selbständiger zu leben und zu handeln, wir bestimmen unser Leben selbst und hören auf, uns selbst Vorwürfe zu machen. Gefühle der Verletztheit lösen sich auf, Wut, Zorn, Ärger und Frust verschwinden.

Perle

Zuordnungen:

Chakra: Scheitel-Chakra
Westl. Sternzeichen: Waage, Steinbock
Chin. Sternzeichen: Hund, Büffel
Element: Wasser, Luft (schwarz: Wasser, Erde)

Eigenschaften:

Farbe:	weiß, rosa, cremefarbig, grau, blau, schwarz
Transparenz:	durchscheinend, undurchsichtig
Strichfarbe:	weiß
Kristallsystem:	rhombisch
Mohshärte:	2,5 - 4,5
Dichte:	2,6 - 2,85
Chemie:	($CaCO_3$)
Vorkommen:	weltweit je nach Art (Fluß- oder Meeresperle)

Heilwirkung:

Perlen werden eingesetzt bei Blutungsstörungen, wie Blut im Harn, überstarker Periode (Menorrhagie). Sie lassen Geschwüre schneller abheilen. Durch ihre kühlende Wirkung benutzt man sie ebenfalls bei allen fieberhaften Erkrankungen, so auch bei Milchfieber. Sie wirken auf die Nebennieren und sorgen dafür, daß Wasseransammlungen (Ödeme) im Körper sich auflösen. Bei Kalkmangel und Nagelerkrankungen sind sie ebenfalls hilfreich. Sie helfen bei Hirnhautentzündung (Endocarditis) ebenso wie bei Besessenheit (Manie), Hysterie und Geisteskrankheiten. – Perlen holen unsere unverarbeiteten Konflikte, Traumata und alten Schmerzen wieder ins Bewußtsein. Sie wirken gegen geistige Erschöpfung, lehren uns, die Initiative zu ergreifen und führen uns so in einen persönlichen Reifeprozeß.

Perlmutt

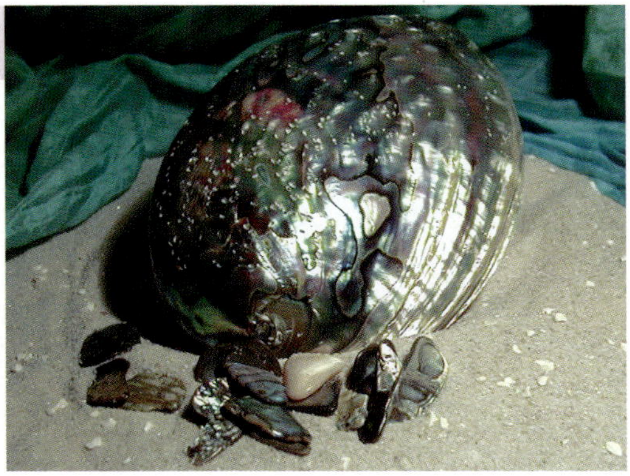

Zuordnungen:

Chakra: Scheitel-Chakra
Element: Wasser

Eigenschaften:

Farbe:	blau, grün, rosa, gelb
Transparenz:	undurchsichtig
Strichfarbe:	weiß
Kristallsystem:	Außenskelett von Muscheln und Schnecken
Mohshärte:	3,5 - 4
Dichte:	2,95
Chemie:	$CaCO_3$
Vorkommen:	weltweit

Heilwirkung:

Perlmutt wird eingesetzt gegen alle Schleimhautprobleme, Entzündungen, geschwollene bzw. vergrößerte Mandeln, Mandelentzündung, Juckreiz auf der Haut. – Es wirkt gegen Niedergeschlagenheit, stellt die seelische Harmonie wieder her und steigert die Antriebskraft. Durch den Einsatz von Perlmutt öffnet sich unser geistiger Horizont.

Petalit

Zuordnungen:

Chakra: Solarplexus-Chakra,
Scheitel-Chakra
Westl. Sternzeichen: Löwe
Chin. Sternzeichen: Affe
Element: Luft

Eigenschaften:

Farbe:	farblos, weiß, gelblich, rosa
Transparenz:	durchsichtig, durchscheinend
Strichfarbe:	weiß
Kristallsystem:	monoklin
Mohshärte:	6 - 6,5
Dichte:	2,4
Chemie:	$Li[AlSi_4O_{10}]$
Vorkommen:	Italien, Schweden, Namibia, Simbabwe, Peru, Brasilien, Australien, USA u.a.

Heilwirkung:

Der Petalit wirkt sehr gut bei Suchtproblematik. Er wirkt zugleich beruhigend wie auch stärkend auf den Herzrhythmus. Durch seine beruhigende Wirkung kann man sogar Verbesserung bei manisch-depressiven Zuständen erreichen. Zusätzlich wirkt der Petalit positiv auf alle Augenleiden. Bösartige Zellveränderungen werden durch den Petalit günstig beeinflußt. Er hilft uns bei der Verarbeitung von seelischen Traumata.

Pietersit

Zuordnungen:

Chakra: Wurzel-Chakra, Stirn-Chakra
Westl. Sternzeichen: Löwe
Chin. Sternzeichen: Affe
Element: Erde

Eigenschaften:

Farbe:	blau-schwarz, braungelb
Transparenz:	undurchsichtig
Strichfarbe:	gelb, braun, blauschwarz
Kristallsystem:	trigonal
Mohshärte:	7
Dichte:	2,64 - 2,71
Chemie:	SiO_2
Vorkommen:	USA, Namibia u.a.

Heilwirkung:

Den Pietersit setzt man ein bei allen Krankheitsbildern, die streßbedingt auftreten, wie z.B. Druck im Magen, Kopfschmerzen, Kreislaufprobleme, Herzklopfen oder Herzrasen, innere Konflikte, Verwirrung. Er wirkt stärkend und beruhigend auf das Herz und gibt uns innere Gelassenheit. Auch nach Zeiten extremer Anstrengung und Aufregung tut der Pietersit seine Dienste. Er gibt uns Stabilität durch seine Schwingung und hilft so dabei, uns Problemen gegenüber auf einen neutralen Punkt zu stellen und uns nicht in die Problematik hineinziehen zu lassen. Der Pietersit ist daher als Hilfe geeignet, wenn man in Lebensphasen, in denen es „drunter und drüber geht", einen klaren Kopf bewahren will.

Prasem

Zuordnungen:

Chakra: Herz-Chakra
Element: Erde

Eigenschaften:

Farbe:	grün bis dunkelgrün
Transparenz:	durchscheinend
Strichfarbe:	weiß
Kristallsystem:	trigonal
Mohshärte:	7
Dichte:	2,63 - 2,65
Chemie:	SiO_2
Vorkommen:	Österreich, Finnland, Großbritannien, Rußland, Südafrika u.a.

Heilwirkung:

Der Prasem wirkt sowohl auf den Grünen als auch auf den Grauen Star und gegen Kurzsichtigkeit. Er regt die Selbstheilungskräfte des Körpers an und schützt uns so vor Infektionskrankheiten. – Bei allen Krankheiten, die sich durch Wärme oder Hitze bemerkbar machen, wirkt der Prasem kühlend und heilend (z.B. Hitzschlag, Sonnenbrand, Sonnenstich, Verbrennungen, Entzündungen, Prellungen, Ausschläge). Diese kühlende Wirkung zeigt sich auch im seelischen Bereich: Bei innerer Unruhe oder häufigen Wutausbrüchen sollte über längere Zeit ein Prasem getragen werden. Durch seine Einwirkung behalten wir die Selbstkontrolle und verlieren nicht mehr unsere Beherrschung.

Prehnit

Zuordnungen:

Chakra: Wurzel-Chakra, Sakral-Chakra
Westl. Sternzeichen: Waage
Chin. Sternzeichen: Hund
Element: Erde (etwas Luft)

Eigenschaften:

Farbe:	grün, grau, gelbgrün
Transparenz:	durchsichtig, durchscheinend
Strichfarbe:	weiß
Kristallsystem:	rhombisch
Mohshärte:	6 - 6,5
Dichte:	2,8 - 3
Chemie:	$Ca_2Al [(OH)_2 \mid AlSi_3O_{10}]$
Vorkommen:	Deutschland, Frankreich, Italien, Namibia u.a.

Besonderheiten:

Der Prehnit ist ein sehr empfindlicher Stein. Er soll auf keinen Fall Wassereinwirkung oder direkter Sonneneinstrahlung ausgesetzt werden.

Heilwirkung:

Prehnit unterstützt alle Menschen, die das Gefühl haben, daß sie zu viel Gewicht mit sich herumtragen: Er regt den Stoffwechsel an, fördert die Entgiftung und unterstützt den Fettabbau. Er stärkt darüber hinaus auch den Blasen- und Nierenbereich. Durch seine Wirkung auf die Psyche vermittelt er uns das Gefühl der inneren Ruhe und Gelassenheit.

Purpurit

Zuordnungen:

Chakra: Scheitel-Chakra
Westl. Sternzeichen: Jungfrau
Chin. Sternzeichen: Hahn
Element: Feuer (etwas Erde)

Eigenschaften:

Farbe:	dunkelrot bis dunkelviolett
Transparenz:	durchscheinend, opak
Strichfarbe:	rot
Kristallsystem:	rhombisch
Mohshärte:	4 - 4,5
Dichte:	3,2 - 3,4
Chemie:	(Mn, Fe) $[PO_4]$
Vorkommen:	Frankreich, Australien, USA u.a.

Besonderheiten:

Der Purpurit ist giftig und sollte daher außerhalb der Reichweite von Kindern aufbewahrt werden.

Heilwirkung:

Der Purpurit wirkt anregend auf den Dreifacherwärmer-Meridian und sorgt über diesen - auch bei Energiemangel oder energetischer Unterversorgung - für eine gute Energieverteilung im Körper. So hilft er auch bei der Regeneration des Gewebes und von Zellen. Daher ist er auch ein guter Stein für Zeiten der Rekonvaleszenz. - Der Purpurit wirkt auch auf das Gehirn und sorgt dort für eine Steigerung der Konzentrationsfähigkeit. Er hebt die Stimmung, stärkt die Inspiration und steigert die Aufmerksamkeit für Wahrnehmungen, die dem Tagesbewußtsein normalerweise nicht zugänglich sind.

Pyrit und Pyrit-Sonne

Zuordnungen:

Chakra: Solarplexus-Chakra
Westl. Sternzeichen: Löwe
Chin. Sternzeichen: Affe
Element: Feuer

Eigenschaften:

Farbe:	gelb, messinggelb
Transparenz:	opak
Strichfarbe:	grünschwarz
Kristallsystem:	kubisch
Mohshärte:	6 - 6,5
Dichte:	5 - 5,2
Chemie:	FeS_2
Vorkommen:	Deutschland, Italien, Schweiz, Spanien, Portugal, Australien, Bolivien, Peru u.a.

Besonderheiten:

Bei Pyrit gibt es zwei verschiedene Arten: Der Pyrit an sich ist im Volksmund noch oft unter dem Namen „Katzengold" bekannt. Eine Varietät des Pyrit ist die Pyrit-Sonne. Sie hat durch ihre spezielle Form, die an die Sonne erinnert, im Gegensatz zum „einfachen" Pyrit eine gleichmäßigere Energie-Abstrahlung nach allen Seiten. Der Pyrit gehört zu den empfindlichen und porösen Steinen.

Heilwirkung:

Pyrite wirken in erster Linie auf die Atemwege und deren Erkrankungen. Auch bei Durchblutungsstörungen oder Krampfadern setzt man sie ein. Sie stärken den Magen-Darm-Trakt und wirken regulierend auf die Darmtätigkeit, so benutzt man sie auch bei Verdauungsstörungen, gegen Blähungen, bei Magenschmerzen und -krämpfen, zur Regulierung der Magensäure oder Gastritis (Magenschleimhautentzündung). – Pyrite wirken in allen Bereichen schmerzlindernd. Sie geben neue Energie bei Müdigkeit sowie chronischen und akuten Erschöpfungszuständen. Sie harmonisieren das Solarplexus-Chakra, helfen uns bei der Selbsterkenntnis, zeigen uns Krankheitsursachen und unterstützen uns beim Loslassen von Problematiken.

Pyrolusit

Zuordnungen:

Chakra: Wurzel-Chakra
Westl. Sternzeichen: Löwe
Chin. Sternzeichen: Affe
Element: Erde

Eigenschaften:

Farbe:	grau, grau-schwarz
Transparenz:	opak
Strichfarbe:	schwarz
Kristallsystem:	tetragonal
Mohshärte:	6 – 7
Dichte:	5
Chemie:	MnO_2
Vorkommen:	Deutschland, Großbritannien, Ungarn, Brasilien, Indien, Südafrika u.a.

Heilwirkung:

Pyrolusit ist ein relativ seltener Stein, der bisher nur als Rohstein erhältlich ist. Er sorgt für die Verwertung von Enzymen im Körper und wirkt so nicht nur auf die Zellatmung, sondern auch auf die Erhaltung der Knochen und die Geschmeidigkeit der Sehnen. Helfen soll der Pyrolusit gegen Streptokokken-Infektionen. Er stärkt die Gallenblase und das Herz.

Quarz (Mineralgruppe)

Zuordnungen:
Element: Erde

Eigenschaften:

Farbe:	farblos, weiß, grau, braun, schwarz, gelb, grünlich
Transparenz:	durchsichtig, durchscheinend und undurchsichtig
Strichfarbe:	weiß
Kristallsystem:	trigonal
Mohshärte:	7
Dichte:	2,65
Chemie:	SiO2
Vorkommen:	Weltweit durch seine zahlreichen Varietäten (Mineral mit den gleichen chemischen und physikalischen Eigenschaften. Wie zum Beispiel: Bergkristall, Amethyst, Rauchquarz, Rosenquarz, Citrin, Tigerauge, Falkenauge, Aventurin u.a.)

Heilwirkung:
Siehe bei den jeweiligen Einzelbeschreibungen

Rauchquarz

Zuordnungen:

Westl. Sternzeichen: Steinbock
Chin. Sternzeichen: Büffel
Element: Erde

Eigenschaften:

Farbe:	hellbraun, rauchig, dunkelbraun
Transparenz:	durchsichtig, durchscheinend
Strichfarbe:	weiß
Kristallsystem:	trigonal
Mohshärte:	7
Dichte:	2,65
Chemie:	SiO_2
Vorkommen:	Deutschland, Schweiz, Italien, Brasilien, USA, Madagaskar u.a.

Heilwirkung:

Rauchquarz steigert unseren Lebenswillen und die Belastbarkeit, den Willen zum Durchhalten und die Ausdauer, auch bei Erschöpfungszuständen, fördert aber auch im Gegenzug die Entspannung. – Er stärkt das Bindegewebe und unterstützt die Auflösung von Ablagerungen, und man setzt ihn bei Gelenkbeschwerden ein. Er stärkt die Nerven und die Muskeln, wirkt gegen Leistenschmerzen und Krämpfe. Rauchquarz regt die Hormonproduktion an und steigert die Konzentrationsfähigkeit.

Rhodochrosit

Zuordnungen:

Chakra: Herz-Chakra
Westl. Sternzeichen: Widder, Stier, Krebs, Waage, Skorpion, Steinbock
Chin. Sternzeichen: Drache, Schlange, Ziege, Hund, Schwein, Büffel
Element: Luft

Eigenschaften:

Farbe:	rosa, braunrot, rosenrot bis gelblich, gestreift
Transparenz:	durchsichtig bis undurchsichtig
Strichfarbe:	weiß
Kristallsystem:	trigonal
Mohshärte:	4
Dichte:	3,45 - 3,7
Chemie:	$MnCO_3$
Vorkommen:	Rumänien, Frankreich, Peru, USA, Mexiko, Argentinien, Chile, Südafrika u.a.

Heilwirkung:

Der Rhodochrosit steigert die Aufmerksamkeit, Antriebskraft und Leistungsfähigkeit, man benutzt ihn sowohl bei Schlafkrankheit und Erschöpfung als auch bei Angstzuständen. Mit seiner Hilfe kann man Beziehungsängste abbauen. – Er reinigt das Blut und hilft so bei Blutvergiftung (Septikämie), stabilisiert den Blutdruck und reguliert den Blutzuckerhaushalt. Auch zur Anregung der Durchblutung wird er benutzt. Er wirkt vorbeugend gegen Arteriosklerose, hilft bei Drüsenfieber und Entzündung des Zwölffingerdarms ebenso wie bei Hautausschlägen. – Der Rhodochrosit fördert die Entgiftung und Entsäuerung des Körpers. Ebenso regt er die Durchblutung an und wirkt so vorbeugend z.B. gegen Thrombose. – Sehr viele bösartige Zellveränderungen können durch den Einsatz eines Rhodochrosit positiv beeinflußt werden, so z.B. Hodenkrebs, Kehlkopfkrebs, Leberkrebs. Zudem wirkt er bei Migräne, MS-Erkrankungen (Multiple Sklerose), Parkinson. – Dieser Stein stärkt unser Gedächtnis und verbessert die Merkfähigkeit. Durch den Rhodochrosit lernen wir schöpferisches Denken und werden spontaner in unseren Handlungen.

Rhodonit

Zuordnungen:

Chakra: Herz-Chakra
Westl. Sternzeichen: Stier
Chin. Sternzeichen: Schlange
Element: Luft (etwas Erde)

Eigenschaften:

Farbe:	rosig, rot, fleischrot, schwarze Einlagerungen
Transparenz:	durchscheinend, selten durchsichtig
Strichfarbe:	weiß
Kristallsystem:	triklin
Mohshärte:	5,5 - 6,5
Dichte:	3,40 - 3,74
Chemie:	$CaMn_4 [Si_5O_{15}]$
Vorkommen:	Deutschland, Spanien, Rußland, Schweden, Südafrika, Tansania, Japan u.a.

Heilwirkung:

Der Rhodonit wird eingesetzt bei Autoimmunkrankheiten* und genetischen Erkrankungen, Störungen im Bereich der Schilddrüse, zur Narbenentstörung, bei Drüsenfieber, Asthma, Ekzemen, Magengeschwüren aber auch bei MS (Multipler Sklerose) oder Parkinson. Auch gegen Osteoporose hilft er. - Durch seine Wirkung bilden sich Zellen schneller, Blutungen verringern sich und Wunden verheilen. Er harmonisiert das Herz-Chakra und wirkt daher auch bei Kreislaufproblemen, Problemen mit dem Herzen oder Herzerkrankungen. - Der Rhodonit kräftigt die Knochen und das Knochengewebe und wird daher auch bei Muskelverhärtungen oder Verspannungen eingesetzt; er hilft dem Körper beim Entgiften. - Durch seine sanft aktivierende Energie harmonisiert er Körper und Seele. Er nimmt uns Angst und gibt uns Mut. Seelische Wunden verheilen durch seine Hilfe genau so schnell wie auf der körperlichen Ebene.

*(Autoimmunkrankheiten sind eine vielseitige Form der Erkrankung, bei der das Immunsystem Zellen oder Teile von Zellen nicht mehr als seine eigenen erkennt und so gegen sich selbst (bzw. gegen diese Zellen) Abwehrstoffe bildet. Zu den Autoimmunkrankheiten zählen unter anderem: Perniziöse Anämie, Leukopenie, primäre biliäre Leberzirrhose, die chronische aggressive Hepatitis, Diabetes mellitus Typ 2, die Crohn-Krankheit, Colitis ulcerosa, Dermatomyositis, Sklerodermie, rheumatoide Arthritis.)

Rhyolith

Zuordnungen:

Chakra: Herz-Chakra
Westl. Sternzeichen: Schütze
Chin. Sternzeichen: Ratte
Element: Erde

Eigenschaften:

Transparenz:	undurchsichtig, teilweise durchscheinend
Strichfarbe:	weiß, bräunlich
Kristallsystem:	triklin bzw. monoklin
Mohshärte:	5,5 - 7
Dichte:	2,7 - 2,9
Chemie:	SiO_2
Vorkommen:	Mexiko, Australien, USA, Japan u.a.

Unter dem Namen Rhyolith werden mehrere Steine zusammengefaßt:

- Regenwaldjaspis:	Farbe: grün
- Leopardenfelljaspis:	Farbe: braun, beige
- Aztekenstein:	Farbe: gelb, rot, beige gebändert

Besonderheiten:

Der Rhyolith ist kein Jaspis im eigentlichen Sinne, er gehört nicht zur Jaspisgruppe.

Heilwirkung:

Dieser Stein löst Verhärtungen im Gewebe auf. Dies gilt für Verhärtungen im Bereich der Muskeln, der Haut als auch an Organen. Er stärkt das Immunsystem. So hilft er auch gegen Grippe, steigert die Widerstandskraft und beugt Infektionen vor. Auch bei Hautkrankheiten zeigt er seine Wirkung. - Der Rhyolith beruhigt die Nerven und hilft uns, uns so anzunehmen wie wir sind.

Rosenquarz

Zuordnungen:

Chakra: Herz-Chakra
Westl. Sternzeichen: Stier, Krebs, Waage
Indian. Sternzeichen: Specht
Chin. Sternzeichen: Schlange, Ziege, Hund
Element: Luft (etwas Erde)

Eigenschaften:

Farbe:	hellrosa bis rosig
Transparenz:	durchsichtig bis durchscheinend
Strichfarbe:	weiß
Kristallsystem:	trigonal
Mohshärte:	7
Dichte:	2,65
Chemie:	SiO_2
Vorkommen:	Finnland, Rußland, USA, Brasilien, Madagaskar, Namibia, Südafrika, Indien, Sri Lanka u.a.

Heilwirkung:

Der Rosenquarz gehört mit zu der Gruppe der bekanntesten Steine, was sich durch seine vielseitige Wirkung erklären läßt. Er wird sowohl am Körper getragen als auch im Raum aufgestellt.

Nachstehend ein Auszug der verschiedenen Wirkungen und Einsatzbereiche: Abbau von seelischen Belastungen, Abschirmen von Wasseradern, Absorbieren von Magnetfeldern/Radon, gegen Abszesse, baut Aggressionen ab, bei Alpträumen mit Gewaltszenen, gegen Anämie, bei Angina pectoris, bei Angstzuständen, hilft bei der Verarbeitung von Ärger, stärkt die Arterien, hilft bei Asthma, beruhigt und besänftigt das Gemüt, bei Bewegungs- und Gleichgewichtsstörungen, gegen Hämatome (Blutergüsse, blaue Flecken), bei Blutkrankheiten, auch bei Blutkrebs (Leukämie), bei Eierstockentzündungen, Eileiterentzündungen, bei Dickdarmerkrankungen, zur Steigerung der Fruchtbarkeit, gegen Gefühlshärte, bei Gereiztheit, Neigung zur Gewalttätigkeit, fördert die Gewebedurchblutung, bringt uns wieder in das seelische Gleichgewicht, stärkt das Herz, beugt Herzanfällen vor, bei Herzasthma, aktiviert und harmonisiert das Herz-Chakra, bei Herzinfarkt, bei Herzrhythmusstörungen, steigert den Lebensmut, fördert die Liebesfähigkeit, gegen Liebeskummer, bei Leukämie, bei Mensesbeschwerden, bei Migräne, bei MS (Multiple Sklerose), gegen negative Schwingungen und Energien, stärkt die Nerven, fördert die Romantik, bei Schlafstörungen und Schlaflosigkeit, fördert schöpferisches Denken, gegen Überheblichkeit.

Rubellit

(Rosaroter Turmalin)

Zuordnungen:

Chakra: Herz-Chakra
Westl. Sternzeichen: Widder
Chin. Sternzeichen: Drache
Element: Luft

Eigenschaften:

Farbe:	rosig, rosarot,
Transparenz:	durchsichtig bis undurchsichtig
Strichfarbe:	weiß
Kristallsystem:	trigonal
Mohshärte:	7 - 7,5
Dichte:	2,9 - 3,2
Chemie:	$Na(Li,Al)_3\ Al_6\ [(OH)_4\ \vert\ (BO_3)_3\ \vert\ Si_6O_{18}]$
Vorkommen:	Italien, Rußland, USA, Mocambique, Namibia, Brasilien u.a.

Heilwirkung:

Der Rubellit wirkt stärkend auf die Blutgefäße und das Herz und so gegen Erschöpfungszustände. Er wirkt vorbeugend gegen degenerative Zellveränderungen und aktiviert die Selbstheilung. Er hilft uns bei der Entspannung, stärkt unseren Willen, und hilft uns, wenn es erforderlich ist, die Initiative zu ergreifen. Er unterstützt uns bei der Verfolgung unserer Ziele. – Bei Problemen mit unverarbeiteten Konflikten, großen Sorgen oder Verzweiflung gibt er uns durch seine sanfte Ausstrahlung Heilung dieser Wunden und Trost.

Rubin

Zuordnungen:

Chakra: Wurzel-Chakra
Westl. Sternzeichen: Widder, Löwe, Waage, Skorpion
Chin. Sternzeichen: Drache, Affe, Hund, Schwein
Element: Feuer

Eigenschaften:

Farbe:	rot bis dunkelrot
Transparenz:	durchsichtig bis undurchsichtig
Strichfarbe:	weiß
Kristallsystem:	trigonal
Mohshärte:	9
Dichte:	3,9 - 4,1
Chemie:	Al_2O_3
Vorkommen:	Sri Lanka, Burma, Kambodscha, Indien, China, Angola, USA, Sambia, Tansania u.a.

Besonderheiten:

Der Rubin ist nach dem Diamant das härteste Mineral. Er gehört mit zu den teuersten Edelsteinen.

Heilwirkung:

Auch der Rubin gehört zu den bekanntesten und gebräuchlichsten Steinen. Er wirkt z.B. auf das Herz und dessen Erkrankungen sowie auf das Blut, auch bei Anämie und perniziöser Anämie. Er hilft gegen Allergien, soll vor vorzeitigem Altern schützen. Er gibt uns neue Energie, gleicht Schwächen der Sehkraft aus und wirkt vorbeugend gegen deren Entstehung, wirkt gegen bakterielle Erkrankungen, regt die Zellbildung an, hilft bei Darmgrippe mit Durchfall, stärkt die Geschlechtsorgane und das Immunsystem, steigert die Antriebskraft, mildert Ärger, fördert außersinnliche Wahrnehmungen und kann die Fähigkeit zur Telepathie herbeiführen, regt die Bildung von Zellen an, reguliert den Blutdruck, hilft bei Bluterbrechen und Bluthusten sowie bei allen Blutkrankheiten, auch bei Blutkrebs (Leukämie), fördert die Bildung der weißen Blutkörperchen, hilft gegen Bronchitis, senkt den Cholesterinspiegel, gegen Infektionen aller Art, bei Durchblutungsstörungen. Er fördert durch seine Wirkung auf das Wurzel-Chakra die Erotik, hilft gegen Erschöpfung (akut wie chronisch), verhütet Fehlgeburten, stärkt den Gebärmutterhals, hilft bei Hemiplegie (Halbseitenlähmung), kräftigt das Herz, hilft bei Herzinnenhautentzündung und allgemein bei allen Herzerkrankungen, stärkt die Hirnrinde, hilft uns bei Immunkrankheiten und Infektionskrankheiten, wirkt hilfreich gegen Irrsinn und bei Kinderlähmung (Polio), gegen Koliken, bei Kräftezerfall, gegen Krämpfe und Spasmen, reguliert den Kreislauf, hilft bei Leberschwäche, steigert die Leistungsfähigkeit und nimmt Lethargie, hilft bei Magenschmerzen, gegen Melancholie, bei Nebenhöhlenentzündung, bei Ohnmachtsanfällen (Syncopie), bei Parkinson, bei Paralyse (vollständige Lähmung), gegen Seekrankheit, stärkt das Selbstvertrauen, gleicht unsere Stimmungen aus, regt den Stoffwechsel an, hilft bei Suchtkrankheiten, gegen Thrombose, gegen Traurigkeit, bei Wetterfühligkeit, gegen Würmer.

Rutilquarz

Zuordnungen:

Chakra: Solarplexus-Chakra
Westl. Sternzeichen: Stier, Zwillinge
Chin. Sternzeichen: Schlange, Pferd
Element: Erde (etwas Luft)

Eigenschaften:

Farbe:	gelb, rot, braun bis schwarz
Transparenz:	durchscheinend bis durchsichtig
Strichfarbe:	gelbbraun, braunrot
Kristallsystem:	tetragonal
Mohshärte:	6 - 6,5
Dichte:	4,2 - 4,3
Chemie:	TiO_2
Vorkommen:	Schweiz, Italien, Norwegen, USA, Mexiko, Brasilien, Australien u.a.

Heilwirkung:

Der Rutilquarz hilft uns, verdrängte Ängste zu erkennen und abzubauen. Er wirkt gegen Depressionen. Auch auf die Atemwege hat er eine stärkende Wirkung, er hilft bei Mandelentzündung, gegen Asthma und Bronchitis (auch bei Bronchialasthma), bei Husten, gegen Heuschnupfen, bei Erkältungskrankheiten löst er den Schleim. Ebenso hilfreich ist der Rutilquarz bei Lungenerkrankungen; so benutzt man ihn zur Unterstützung der Heilung auch bei Lungenentzündung (Pneumonie). Mittelohrentzündungen verschwinden schneller durch seinen Einsatz. – Gleichfalls zum Einsatz kommt der Rutilquarz im Magen- und Darmbereich. Hier benutzt man ihn bei Blähungen mit Völlegefühl, bei Darmentzündung, Darmkrämpfen, gegen Aufstoßen und Sodbrennen, bei Magenkrämpfen. Im Blasen- und Nierenbereich wirkt er bei Steinleiden an beiden Organen. – Auch bei den Gelenken zeigt er Wirkung: so setzt man ihn hier ein bei Prellungen, Zerrungen oder auch bei Verspannungen im Hals- und Nackenbereich. – Der Rutilquarz läßt uns unser „ursprüngliches Ich" erkennen und wiederentdecken. Er wirkt gegen Depressionen und gibt uns neue Hoffnung. Er hilft uns bei der Entwicklung visionärer Fähigkeiten.

Saphir

Zuordnungen:

Chakra: Stirn-Chakra
Westl. Sternzeichen: Stier, Jungfrau, Schütze, Wassermann, Fische
Chin. Sternzeichen: Schlange, Hahn, Ratte, Tiger, Hase
Element: Feuer, Luft

Eigenschaften:

Farbe:	blau in verschiedenen Tönungen, rot bis dunkelrot, rosa, orange, grün
Transparenz:	durchsichtig bis undurchsichtig
Strichfarbe:	weiß
Kristallsystem:	trigonal
Mohshärte:	9
Dichte:	3,9 - 4,1
Chemie:	Al2O3
Vorkommen:	Sri Lanka, Thailand, Kenia, Indien, China, Australien u.a.

Heilwirkung:

Der Saphir wirkt auf den gesamten Kopfbereich (Gehirn, Augen, Nase, Hals, Ohren, Haare) und beeinflußt dort auftretende Störungen und Erkrankungen. Zusätzlich zeigt er Wirkungen auf die Haut (auch bei Allergien und Ausschlägen), die Lungen, den Magen, lindert Schmerzen, stärkt die Nerven und löst dadurch auch innere Unruhe und Schlafstörungen. – Gegen Haarausfall (Alopezie) hilft er ebenso wie gegen vorzeitige Alterserscheinungen (Progerie). Er hilft bei Asthmaerkrankungen. Im Augenbereich benutzt man ihn zur allgemeinen Stärkung der Sehkraft sowie bei Bindehautentzündungen. Er steigert den Appetit und mindert Sodbrennen und Aufstoßen. – Im Bereich der Ohren gibt es folgende Einsatzmöglichkeiten: bei Mittelohrentzündung, Taubheit, Ohrenfluß oder zur Verminderung desselben, bei Ohrenschmerzen. – Folgende Hautkrankheiten können mit dem Saphir beeinflußt werden: Furunkel, Geschwüre am Augenlid, Gesichtsrose, Allergien, Hautausschläge, jukkender Hautausschlag (Prurigo), Psoriasis, Hautunreinheiten, Akne, Ekzeme. – Bei folgenden Herzbeschwerden hilft der Saphir: Herzbeutelentzündung (Perikarditis), Herzinnenhautentzündung, Herzschmerzen. Ebenso wirkt er bei folgenden Symptomen oder Krankheitsbildern: chronische Verspannungen, Gelenkbeschwerden, Gürtelrose, Darmbeschwerden, Endocarditis (Hirnhautentzündung), Fieber, Gastritis mit Krämpfen, Magengeschwüren, Ischias, Hexenschuß (Lumbago), Kehlkopfentzündung (Laryngitis), Kieferhöhlenkatarrh, Kopfschmerz, Migräne, stoffwechselbestimmten Kopfschmerzen, Lungenentzündung (Pneumonie), Neuralgien (Nervenentzündung), neuralgischen Schmerzen. – Der Wirkungsbereich des Saphir geht noch weiter. So benutzt man ihn bei cholerisch veranlagten Menschen zur Beruhigung, um Aggressivität zu mildern, bei Benommenheit, gegen Depressionen, zur Förderung der Konzentration, bei geistigen Störungen, zur Förderung der Kreativität, gegen Melancholie, gegen innere Unruhe, bei schmerzhafter Menses (Monatsblutung), bei Neurosen, bei Schizophrenie, bei Wahnvorstellungen und Wahnsinn, zur Förderung der Nierenfunktion, bei Rheuma. Saphire wirken darüber hinaus auf alle Arten von Krebstumoren.

Sarder

Zuordnungen:

Chakra: Wurzel-Chakra
Element: Feuer

Eigenschaften:

Farbe:	braun, braun-orange, rotbraun
Transparenz:	durchscheinend
Strichfarbe:	weiß
Kristallsystem:	trigonal
Mohshärte:	6 - 7
Dichte:	2,59 - 2,61
Chemie:	SiO2
Vorkommen:	Uruguay, Brasilien, USA, Neuseeland, Kanada u.a.

Heilwirkung:

Der Sarder wirkt stärkend auf Haut und Bindegewebe, so fördert er auch die Wundheilung, gleich ob es sich um Schrammen oder Geschwüre handelt. Man sagt ihm nach, daß sich diese Wirkung auch auf Tumore bezieht. Er stärkt das Immunsystem und hilft so Menschen, die zu Infektanfälligkeit neigen. Ebenfalls senkt der Sarder zu hohen Blutdruck. Auch bei Gehirnhautentzündung (Meningitis) und Gelbsucht (Hepatitis) soll er helfen. – Der Sarder stärkt unser Durchhaltevermögen in schwierigen Zeiten.

Sardonyx

Zuordnungen:

Chakra: Wurzel-Chakra, Stirn-Chakra
Westl. Sternzeichen: Steinbock
Chin. Sternzeichen: Büffel
Element: Erde

Eigenschaften:

Farbe:	braun, weiß, schwarz mit hellen Bändern
Transparenz:	durchscheinend
Strichfarbe:	weiß
Kristallsystem:	trigonal
Mohshärte:	6,5 - 7
Dichte:	2,58 - 2,64
Chemie:	SiO_2
Vorkommen:	Brasilien, Ägypten, Uruguay u.a.

Besonderheiten

Der Sardonyx ist eine Onyx-Varietät.

Heilwirkung:

Der Sardonyx stärkt das Immunsystem, die Leber und die Nerven und hilft so bei der Heilung deren Erkrankungen. Die Nährstoffaufnahme des Körpers wird gefördert, Infektionen verlaufen dadurch wesentlich glimpflicher. Auch bei der unangenehmen und schmerzhaften Bläschenbildung im Mund (Aphthen) verläuft der Heilungsprozeß wesentlich schneller. Bei Lebererkrankungen wie der Hepatitis oder der Zirrhose hilft er ebenfalls. Er wirkt regulierend auf die Schilddrüse. Der Stoffwechsel in den Zellen wird angeregt und dort vorliegende Störungen beseitigt. Bei Schwäche, Schwächegefühl oder Schwächeanfällen hilft uns der Sardonyx schnell wieder auf die Beine.

Schwefel

Zuordnungen:

Chakra: Solarplexus-Chakra
Westl. Sternzeichen: Löwe
Chin. Sternzeichen: Affe
Element: Luft

Eigenschaften:

Farbe:	gelb, honiggelb, gelbbraun
Transparenz:	durchscheinend
Strichfarbe:	weiß, gelblich
Kristallsystem:	monoklin, auch amorph
Mohshärte:	1,5 - 2
Dichte:	2,05 - 2,08
Chemie:	S
Vorkommen:	USA, Rußland, Island, Italien, Türkei, Mexiko u.a.

Besonderheiten:

Bei Schwefel handelt es sich um ein sehr empfindliches und zerbrechliches Mineral. Sowohl Wasser als auch direkte Sonneneinstrahlung und extreme Temperaturschwankungen sind absolut tabu.

Heilwirkung:

Schwefel ist in jedem menschlichen Körper enthalten, denn es ist ein Bestandteil des körpereigenen Keratins, das wichtig ist für die Bildung der Haare und Nägel sowie der obersten Hautschicht. Daher wird er zur Heilung von Pilzinfektionen und Hautkrankheiten eingesetzt. Schwefel ist hauptsächlich auch beteiligt an Entgiftungsprozessen. Durch den Einsatz von Schwefel wird dem Körper daher geholfen, die Ausscheidungen zu fördern. Auch bei Problemen mit dem Mastdarm ist Schwefel daher hilfreich. – Darüber hinaus hilft er bei der Klärung von Krankheitsbildern. Er führt auf den Weg zur wirklichen Krankheitsursache, wenn diese durch verschiedene unklare Symptome verdeckt ist.

Schörl

(Schwarzer Turmalin)

Zuordnungen:

Chakra: Wurzel-Chakra
Westl. Sternzeichen: Steinbock
Chin. Sternzeichen: Büffel
Element: Erde

Eigenschaften:

Farbe:	schwarz
Transparenz:	undurchsichtig
Strichfarbe:	weiß
Kristallsystem:	trigonal
Mohshärte:	7 - 7,5
Dichte:	2,82 - 3,32
Chemie:	NaFe3 (AlFe)6 [(OH)4 | (BO3)3 | Si6O18]
Vorkommen:	USA, Brasilien, Madagaskar, Elba u.a.

Besonderheiten
Schörl ist eine Turmalin-Varietät, wird auch Schwarzer Turmalin genannt.

Heilwirkung:

Der Schörl hilft unserem Körper durch seine entgiftende Wirkung beim Abbau von Schwermetallen, die bei Anreicherung im Körper zu starken gesundheitlichen Problemen bis hin zu schwerwiegenden Krankheiten führen können. So wirkt er z.B. bei bösartigen Zellveränderungen (Krebs) als auch bei der gefürchteten Alzheimer-Erkrankung oder MS (Multipler Sklerose). - Er schützt uns auch vor anderen Arten negativer Energie (z.B. geistiger Art). Damit hilft der Schörl uns, mit seelischen Belastungen besser umzugehen und gibt uns Gelassenheit. Der Schörl stärkt unsere Abwehrkräfte also auf allen Ebenen. - Er löst Blockaden im Energiebereich, reinigt die Aura und sorgt für den ungestörten Fluß aller Energien. So setzt man ihn auch ein bei gefühllosen Körperstellen, Entstörung von Narben, bei Myomen, Zysten, Bindegewebsschwäche, Beschwerden mit den Eierstöcken, Eierstockgeschwulsten, allen Arten von Eiterungen und Geschwüren, Psoriasis, Wirbelbrüchen (Discushernie), Muskelverhärtungen, sogar bei Ohrensausen.

Selenit (Gips)

Zuordnungen:

Chakra: Wurzel-Chakra
Westl. Sternzeichen: Stier
Chin. Sternzeichen: Schlange
Element: Luft

Eigenschaften:

Farbe:	weiß, grau, gelb, braun
Transparenz:	durchsichtig bis durchscheinend
Strichfarbe:	weiß
Kristallsystem:	monoklin
Mohshärte:	1,5 - 2
Dichte:	2,3 - 2,4
Chemie:	Ca[SO4] . 2 H2O
Vorkommen:	Deutschland, Frankreich, Polen, Österreich, Chile, Mexiko u.a.

Besonderheiten:

Selenit ist auch bekannt unter dem Namen „Sandrose".

Heilwirkung:

Der Selenit wirkt auf das Gehirn (z.B. gegen Vergeßlichkeit) und steigert die Konzentration. Er unterstützt die Regeneration des Körpergewebes. Er aktiviert unseren Intellekt und verstärkt unser Bewußtsein, fördert die Fähigkeiten zur Telepathie. Selenit wirkt vorbeugend gegen Krebserkrankungen und Verwirrungszustände.

Septarie

Zuordnungen:

Chakra: Wurzel-Chakra
Element: Erde, Luft

Eigenschaften:

Farbe:	grau, gelb, braun
Transparenz:	opak
Strichfarbe:	grau
Kristallsystem:	trigonal
Mohshärte:	3
Dichte:	2,6 - 2,7
Chemie:	$Al_4 [(OH)_8 \mid Si_4O_{10}]$
Vorkommen:	USA, Madagaskar u.a.

Heilwirkung:

Der Septarie hilft, die Bildung von Geschwulsten zu vermindern und bestehende aufzulösen. Man setzt ihn auch ein gegen die Übersäuerung des Körpers, so daß er bei Gicht- und Rheumaerkrankungen angezeigt ist. - Septarie löst seelische Probleme und innere Konflikte, hilft uns bei der Auflösung von Verdrängungsmechanismen und gibt uns so neue Hoffnung und Vertrauen in das Leben.

Serpentin

Zuordnungen:

Westl. Sternzeichen: Zwillinge
Chin. Sternzeichen: Pferd
Element: Erde

Eigenschaften:

Farbe:	grün, gelb, braun, schwarz
Transparenz:	durchscheinend, undurchsichtig
Strichfarbe:	weiß
Kristallsystem:	monoklin
Mohshärte:	2,5 - 4
Dichte:	2,5 - 2,6
Chemie:	Mg6 [(OH)8Si4O10]
Vorkommen:	Deutschland, Schweiz, Norwegen, Großbritannien, USA, Iran, Südafrika u.a.

Heilwirkung:

Serpentin gleicht Magnesium-Mangelzustände im Körper aus. So hilft er gegen alle Arten von Krämpfen und Migräne. Er stärkt alle Körperdrüsen und den Darm, reguliert die Herztätigkeit und wirkt gegen Magenbeschwerden. – Mittels des Serpentin können wir besser „Abstand halten“ bei seelischen Belastungen und so Aggressionen vermeiden. Bestehende Aggressionen werden durch den Einsatz von Serpentin aufgelöst. Wir werden ausgeglichen und ruhig, kommen in unsere innere Mitte. Durch den Serpentin erhalten wir unseren inneren Frieden. Zusätzlich verstärkt er unsere geistigen Fähigkeiten.

Silber

Zuordnungen:

Westl. Sternzeichen: Krebs, Wassermann
Chin. Sternzeichen: Ziege, Tiger
Element: Wasser, Luft

Eigenschaften:

Farbe:	silberweiß
Transparenz:	opak
Strichfarbe:	weiß
Kristallsystem:	kubisch
Mohshärte:	2,5 - 3
Dichte:	9,6 - 12
Chemie:	Ag
Vorkommen:	Norwegen, USA, Kanada, Mexiko, Bolivien u.a.

Heilwirkung:

Silber ist als Schmuck wohl jedem bekannt. Im Gegensatz zum Gold wird Silber der weiblichen Ebene zugeordnet. Es gibt daher einige Steine, die beim Verarbeiten zum Schmuck grundsätzlich nur in Silber gefaßt werden, z.B. der Mondstein. So ergänzt und verstärkt sich die Schwingung dieser beiden. - Silber hilft auch bei sogenannter „Mondsüchtigkeit" und Schlafwandeln. Es steigert unsere Anpassungsfähigkeit und Reaktionsschnelligkeit. Silber wirkt desinfizierend und beschleunigt die Wundheilung. Es hilft unserem Körper bei der Nährstoffaufnahme. - Silber wirkt beim Ansehen kühl und tatsächlich hilft es beim Ableiten von Hitze, z.B. bei Sonnenbrand oder Fieber. Linksseitige Kopfschmerzen kann Silber ebenfalls auflösen. Zusätzlich wirkt es auf alle Sinnesorgane, die Schilddrüse, bei Darmbeschwerden und Gastritis.

Smaragd

Zuordnungen:

Chakra: Herz-Chakra
Westl. Sternzeichen: Stier, Krebs, Waage, Schütze, Fische
Chin. Sternzeichen: Schlange, Ziege, Hund, Ratte, Hase
Element: Erde

Eigenschaften:

Farbe:	smaragdgrün
Transparenz:	durchsichtig bis durchscheinend
Strichfarbe:	weiß
Kristallsystem:	hexagonal
Mohshärte:	7,5 - 8
Dichte:	2,63 - 2,8
Chemie:	Al_2Be_3 [Si_6O_{18}]
Vorkommen:	Österreich, Norwegen, Ägypten u.a.

Heilwirkung:

Der Smaragd gehört mit zu den sehr bekannten Steinen und hat ein sehr breites Wirkungsspektrum. Er wirkt stark auf die Atemwege; so werden z.B. durch seine Anwendung die Atemwege gestärkt, Aufstoßen und Sodbrennen gelindert. Ganz besonders groß sind seine Möglichkeiten im Bereich der Augen: bei Bindehautentzündung, blutunterlaufenen Augen, bei Ermüdung, sowohl bei Grauem als auch bei Grünem Star, bei Kurzsichtigkeit, bei Weitsichtigkeit, zum Erhalten der Sehkraft, bei Augenentzündungen und Infektionen an den Augen ist er hilfreich. - Der Smaragd wirkt bei allen Entzündungen, entzündlichen Prozessen oder Geschwüren im Körper, wie Dickdarmentzündung (Colitis), Entzündung der Mundschleimhaut (Stomatitis), Entzündung des Zwölffingerdarms (Duodentitis), Gallenblasenentzündung, Magenschleimhautentzündung (Gastritis), Magengeschwüren, Geschwüren am Verdauungstrakt, Hautgeschwüren, Hämorrhoiden, Gicht oder auch Nebenhöhlenentzündung oder Entzündungen der Wirbelsäule. Gerade im Rückenbereich wirkt der Smaragd auf die gesamte Wirbelsäule. - Ebenso wirkt dieser Stein bei Blähungen, Römheld-Syndrom, Darmeinklemmung, Darmgrippe mit Durchfall, Darmverschluß, Diabetes, Diarrhöe, Ruhr (Dysthenie), Epilepsie, Hautkrebs, Schizophrenie, MS (Multiple Sklerose), Typhus, Lebensmittelvergiftung, Masern, Milchfieber. – Er reguliert die Nieren, Leber und Gallenfunktion. Auch Herzbeschwerden oder Störungen an diesem Organ kann man durch den Einsatz eines Smaragd regulieren. Regenerierend wirkt der Smaragd so auf fast alle Bereiche unseres Körpers. – Er hilft uns beim Abbau von Ängsten und verändert dadurch die Gemütslage zum Positiven. Auch bei vegetativer Dystonie löst er die Beschwerden auf und bringt uns wieder ins Gleichgewicht. Man setzt ihn ein bei Gedächtnisschwäche, Vergeßlichkeit, Schwindel, Bewegungs- und Gleichgewichtsstörungen, Steigerung der Vitalität, bei zu niedrigem Blutdruck, zur Förderung der Entgiftung, zur Stärkung des Immunsystems, bei Kopfschmerzen, Rheuma, zur Schmerzlinderung, bei Schilddrüsen-Überfunktion, Schlaflosigkeit, zur Stärkung des Lymphflusses, bei Verbrühungen, zur Förderung der Vitaminaufnahme.

Sodalith

Zuordnungen:

Chakra: Stirn-Chakra
Westl. Sternzeichen: Widder, Löwe, Jungfrau, Schütze, Steinbock, Fische
Chin. Sternzeichen: Drache, Affe, Hahn, Ratte, Büffel, Hase
Element: Erde, Luft

Eigenschaften:

Farbe:	weiß, grau, blau, grün
Transparenz:	durchscheinend bis undurchsichtig
Strichfarbe:	weiß
Kristallsystem:	kubisch
Mohshärte:	5 - 6
Dichte:	2,14 - 2,4
Chemie:	Na8 [Cl2	(AlSiO4)6]
Vorkommen:	Italien, Rumänien, Portugal, Grönland, Bolivien, USA u.a.

Heilwirkung:

Der Sodalith ist ein Stein, der schon im Rohzustand beruhigend wirkt: Betrachtet man ihn, so kommt unweigerlich das Gefühl eines strahlenden, mit einigen Wolken durchzogenen Himmels oder die Erinnerung an das Meer mit Schaumkronen in uns auf. Der Sodalith fördert durch seine Wirkung die bewußte Wahrnehmungsfähigkeit, gleicht aus, beruhigt und nimmt uns die emotionale Unausgeglichenheit. Er löst Gefühlsblockaden und Schuldgefühle und gibt uns so ein Stück mehr innere Freiheit. – Man setzt ihn ein zur Steigerung der Sehkraft, bei Entzündungen an den Augen, bei Netzhautproblemen. Er reguliert den Blutdruck, wirkt auf die Bauchspeicheldrüse und hilft auch bei Problemen mit dem Blutzucker (Diabetes). Auch bei Ekzemen ist der Sodalith ein guter Helfer. – Alle Drüsenerkrankungen und Funktionsstörungen an den Drüsen können durch ihn behandelt werden. Dies gilt auch für die Schilddrüse. Da er ebenso im Halsbereich eine gute Wirkung hat, benutzt man ihn hier z.B. bei Heiserkeit und Kehlkopfleiden. Der Sodalith stärkt das Immunsystem. Ebenso hilft er bei Lymphproblemen.

Sonnenstein

(Aventurinfeldspat)

Zuordnungen:

Chakra: Sakral-Chakra
Westl. Sternzeichen: Waage, Löwe
Chin. Sternzeichen: Hund, Affe
Element: Feuer

Eigenschaften:

Farbe:	orange, rotbraun
Transparenz:	durchscheinend, undurchsichtig
Strichfarbe:	weiß
Kristallsystem:	triklin
Mohshärte:	6 - 6,5
Dichte:	2,62 - 2,65
Chemie:	(CaNa) [(AlSi)2Si2O8]
Vorkommen:	Indien, Kanada, Madagaskar, Rußland, USA u.a.

Heilwirkung:

Der Sonnenstein wirkt gegen chronisches Asthma. Er stärkt das vegetative Nervensystem, baut Ängste und Depressionen ab und gibt uns Optimismus. Bei Schmerzen und Problemen am Solarplexus-Chakra löst er diese auf. Man kann ihn ebenso einsetzen zur Kräftigung des Herzens, zum Ausgleich des Herzrhythmus sowie bei allen Herzproblemen. Auch bei Schwächegefühl gibt der Sonnenstein mit seiner warmen Ausstrahlung auf eine sanfte Art neue Energie. Er hilft auch bei Nieren- und Gichtleiden und bei Bandscheibenbeschwerden. – Negative Gefühle werden durch ihn aufgelöst, Sorgen abgebaut und unser Gefühl, wer wir selbst sind, kommt wieder.

Spinell

Zuordnungen:

Chakra: Wurzel-Chakra
Westl. Sternzeichen: Schütze, Widder
Chin. Sternzeichen: Ratte, Drache
Element: Luft

Eigenschaften:

Farbe:	farblos, gelb, blau, grün, rot, braun
Transparenz:	durchsichtig, durchscheinend
Strichfarbe:	weiß
Kristallsystem:	kubisch
Mohshärte:	8
Dichte:	3,5
Chemie:	MgAl2O4
Vorkommen:	Italien, Rußland, Sri Lanka, Thailand, Schweden u.a.

Heilwirkung:

Der Spinell wirkt entspannend, krampflösend und entzündungshemmend auf den gesamten Körper. Zur allgemeinen Kräftigung und Vitalisierung (auch bei Erschöpfung) leistet er gute Dienste. Er stärkt den Herzmuskel, wirkt gegen Schwindelanfälle, Rheuma und Gicht. Der Spinell löst Ängste und Depressionen

Staurolith

Zuordnungen:

Westl. Sternzeichen: Fische
Chin. Sternzeichen: Hase
Element: Erde

Eigenschaften:

Farbe:	braun, braun-schwarz
Transparenz:	durchscheinend, undurchsichtig
Strichfarbe:	grauweiß, gelblich
Kristallsystem:	rhombisch
Mohshärte:	7 - 7,5
Dichte:	3,5 - 3,6
Chemie:	2 FeO . AlOOH . 4 Al_2 [O | SiO_4]
Vorkommen:	Schweiz, Frankreich, Großbritannien, Irland, USA, Namibia u.a.

Heilwirkung:

Der Staurolith wirkt auf den Säure-Basen-Haushalt unseres Körpers. So wirkt er gegen Viren, Bakterien und Pilze. Durch seine Anwendung kommt es zu einer Reinigung aller Körperflüssigkeiten; Giftstoffe werden ausgeschieden. Dadurch kommt unser Körper wieder ins Gleichgewicht und ist dadurch weniger anfällig für Krankheiten. Der Staurolith beruhigt die Nerven.

Sugilit

Zuordnungen:

Chakra: Scheitel-Chakra
Westl. Sternzeichen: Jungfrau
Chin. Sternzeichen: Hahn
Element: Erde

Eigenschaften:

Farbe:	violett
Transparenz:	durchscheinend bis undurchsichtig
Strichfarbe:	weiß
Kristallsystem:	hexagonal
Mohshärte:	6 - 6,5
Dichte:	2,76 - 2,8
Chemie:	Na3 Kli2 (FeMnAl)2 [Si12O30]
Vorkommen:	Indien, Südafrika u.a.

Besonderheiten:

Der Sugilit gehört zu den porösen Steinen.

Heilwirkung:

Der Sugilit ist ein derzeit sehr beliebter Stein. Er steht in dem Ruf, daß er Magnetfelder und Radon absorbiert und wird so auch in Wohnräumen als Rohstein oft eingesetzt. – Er wirkt auf das Blut, man benutzt ihn bei allen Blutkrankheiten, auch bei Leukämie (Blutkrebs) oder Septikämie (Blutvergiftung). Auch epileptische Anfälle sollen sich durch seine Hilfe reduzieren lassen. – Der Sugilit wirkt auf die Galle und löst Gallensteine auf, ebenso hilft er bei Magengeschwüren oder der Gastritis. Außerdem stärkt auch er das Immunsystem; er beseitigt Lymphstaus und läßt so Ödeme verschwinden. – Bei Malaria, Schizophrenie, Paranoia, Legasthenie wird dieser Stein ebenso eingesetzt wie bei bösartigen Zellveränderungen, z.B. bei Leberkrebs, Hodenkrebs oder Knochenmarkkrebs. Er hilft bei der Narbenentstörung (hierzu auf die entsprechende Stelle direkt auflegen oder aufkleben). – Auch bei Entziehungskuren für Alkoholiker unterstützt der Sugilit diese Prozesse. Er wirkt harmonisierend bei emotionaler Unausgeglichenheit. Dadurch nimmt er auch irrationale Ängste und innere Unsicherheit. Durch seine Wirkung auf die Gehirnleistung können wir uns besser konzentrieren. Der Sugilit wirkt anregend auf die Heilkräfte des ganzen Körpers. Darüber hinaus öffnet er das Scheitel-Chakra und fördert die Fähigkeit zum Hellsehen.

Tektit

Zuordnungen:

Chakra: Wurzel-Chakra, Scheitel-Chakra
Westl. Sternzeichen: Widder, Krebs
Chin. Sternzeichen: Drache, Ziege
Element: Luft

Eigenschaften:

Farbe:	schwärzlich
Transparenz:	durchscheinend bis undurchsichtig
Strichfarbe:	weiß
Kristallsystem:	amorph
Mohshärte:	5,5
Dichte:	2,27 - 2,52
Chemie:	$SiO_2 + Al_2O_3$
Vorkommen:	Australien, USA, Deutschland, China u.a.

Besonderheiten:

Tektit entsteht durch den Einschlag von Meteoriten auf der Erde. Es sind Steine mit sehr großer Energie, die nicht jeder direkt am Körper tragen kann. Fälle von Schwindelgefühl beim Anfassen eines Tektits sind keine Seltenheit. Tektite geben ihre Energie auch über größere Entfernungen ab.

Heilwirkung:

Diese Steine wirken auf das Blutbild und werden auch bei Anämie eingesetzt. Sie schützen vor Infektionen und Infektionskrankheiten. Außerdem sorgen sie für die Erneuerung der Zellen. – Durch den Einsatz eines Tektit entwickeln sich ein großes Gefühl und Verständnis für die Natur und deren Zusammenspiel. Er fördert die Hellsichtigkeit. Bei starken Zukunftsängsten sollte man ebenfalls mit dem Tektit arbeiten, er nimmt uns diese Angst, zeigt uns, wo wir regulierend auf unseren Lebensweg einwirken können, um unsere Zukunft anders zu gestalten.

Thulit

Zuordnungen:

Chakra: Wurzel-Chakra, Herz-Chakra
Westl. Sternzeichen: Stier, Zwillinge
Chin. Sternzeichen: Schlange, Pferd
Element: Luft

Eigenschaften:

Farbe:	rosig bis rosarot
Transparenz:	undurchsichtig
Strichfarbe:	weiß
Kristallsystem:	rhombisch
Mohshärte:	6 - 6,5
Dichte:	3,2 - 3,4
Chemie:	Ca_2Al_3 [O | OH | SiO_4 | Si_2O_7]
Vorkommen:	Norwegen, Rußland, USA, Namibia, Australien, Grönland u.a.

Heilwirkung:

Auch beim Thulit haben wir es mit einem starken Energiestein zu tun. Er verstärkt jede energetische Behandlung und löst Blockaden auf. Daher setzt man ihn z.B. bei energetischer Unterversorgung von Körperbereichen ein, um dort den Energiefluß anzuregen. Damit wirkt er auch bei Melancholie, Depressionen, Schwächezuständen, Schwächeanfällen, Neigung zu Ohnmachten (Syncopie), Erschöpfungszuständen oder auch bei Frühjahrsmüdigkeit. Da er die gleiche Wirkung auch auf die Geschlechtsorgane hat, setzt man ihn ebenfalls ein bei sexueller Unlust und zur Steigerung der Fruchtbarkeit. – Der Thulit stärkt auch die Nerven und das Nervensystem. So steigert er unsere Lebensfreude, den (Über-)Lebenswillen und auch die Lebensqualität. Er sorgt in jedem Fall für Regeneration, ob geistig, seelisch oder körperlich.

Tigerauge

Zuordnungen:

Chakra: Solarplexus-Chakra
Westl. Sternzeichen: Zwillinge, Löwe, Jungfrau, Skorpion, Schütze
Chin. Sternzeichen: Pferd, Affe, Hahn, Schwein, Ratte
Element: Erde (etwas Luft)

Eigenschaften:

Farbe:	gelbbraun, goldbraun
Transparenz:	durchscheinend bis undurchsichtig
Strichfarbe:	weiß
Kristallsystem:	trigonal
Mohshärte:	6,5 - 7
Dichte:	2,58 - 2,65
Chemie:	SiO_2
Vorkommen:	Südafrika, Indien, Mexiko, Australien u.a.

Heilwirkung:

Das Tigerauge stärkt die Atemwege und die Lunge und kann daher auch bei Erkältungen, Husten, Asthma und Bronchitis die Heilung unterstützen. Gleichzeitig wirkt es auf die Gelenke und das Knochengerüst und wird daher auch bei Knochenbrüchen empfohlen. Es aktiviert den Bewegungsapparat und wirkt gegen Verspannungen. – Auch bei Nervenerkrankungen ist das Tigerauge ein guter Helfer, hier setzt man es ein bei Nervenentzündungen und Nervosität. Bei Epilepsie und Schizophrenie oder Paranoia, Verfolgungswahn und geistiger Verwirrung soll das Tigerauge ebenfalls helfen. Bei Kopfschmerzen und Migräne kann man sich sehr gut durch diesen Stein helfen. – Das Tigerauge wirkt positiv auf Gehirn und Konzentrationsfähigkeit. Es aktiviert unsere Entscheidungskraft, unseren Mut und unsere Tatkraft und hilft uns Entscheidungen zu treffen und bei der Lösung unserer Probleme. Gerade bei Menschen, die sich sehr schwer entscheiden können, weil sie jeden Aspekt dieser Entscheidung von allen Seiten immer wieder betrachten und Vor- und Nachteile gegeneinander abwägen, ist dieser Stein sehr zu empfehlen. – Durch den Einsatz eines Tigerauges lösen sich emotionale Blockaden. Im Tigerauge vereinen sich verschiedene Schwingungen, wie man schon beim Betrachten dieses Steines sieht: So lernt man durch diesen Stein auch Distanz vor anderen zu bewahren und Prioritäten zu setzen. Übermäßige Energie oder

Übererregung werden gebremst. Mit ihm entwickeln wir ein tiefes Gefühl der inneren Ruhe, der Geborgenheit und Gefühlsstärke für uns selbst. So können wir aus uns selbst heraus Vertrauen und Verständnis für andere entwickeln.

Tigereisen

Zuordnungen:

Chakra: Wurzel-Chakra, Solarplexus-Chakra
Westl. Sternzeichen: Löwe
Chin. Sternzeichen: Affe
Element: Erde (etwas Feuer)

Eigenschaften:

Farbe:	rotbraun, gelbbraun,
Transparenz:	opak
Strichfarbe:	rosa bis braun
Kristallsystem:	trigonal
Mohshärte:	6,5 - 7
Dichte:	3,4 - 4,6
Chemie:	Fe_2O_3
Vorkommen:	Australien

Besonderheiten:

Bei Tigereisen handelt es sich um eine Symbiose von Hämatit, Tigerauge und Jaspis.

Heilwirkung:

Dieser Stein verbindet und vermischt Eigenschaften von Hämatit, Tigerauge und Jaspis. So wirkt er stärkend auf das Immunsystem und die Abwehrkräfte. Er verbessert die Sauerstoffaufnahme unseres Körpers und hilft so bei der Blutreinigung und regt die Ausscheidungsorgane an. Dadurch kann man es zur Anregung der Organtätigkeit einsetzen. – Tigereisen steigert die Konzentration, Vitalität und die Leistungsfähigkeit, so benutzt man es auch bei Energielosigkeit, Erschöpfung und dauernder Müdigkeit. Vom Tigerauge hat es die Eigenschaft der Stärkung von Bronchien und Lungen. Daher kann man es auch sehr gut für Erkrankungen in diesem Bereich einsetzen.

Türkis

Zuordnungen:

Chakra: Hals-Chakra
Westl. Sternzeichen: Stier, Waage, Schütze, Wassermann, Fische
Indian. Sternzeichen: Otter
Chin. Sternzeichen: Schlange, Hund, Ratte, Tiger, Hase
Element: Wasser, Luft

Eigenschaften:

Farbe:	hellblau bis hellgrün
Transparenz:	undurchsichtig
Strichfarbe:	weiß
Kristallsystem:	triklin
Mohshärte:	5 - 6
Dichte:	2,6 - 2,8
Chemie:	$CuAl_6 [(OH)_2 \mid PO_4]_4 . 4 H_2O$
Vorkommen:	Polen, Iran, Ägypten, USA, China u.a.

Besonderheiten:

Der Türkis gehört zu den porösen Steinen und verträgt keine direkte Sonneneinstrahlung. Er bleicht dadurch aus und wird brüchig.

Heilwirkung:

Der Wirkungsbereich des Türkis ist äußerst vielfältig, am besten wirkt er jedoch im Bereich von Hals und Atemwegen. So setzt man ihn ein bei Husten und Bronchitis, Halsentzündung, Keuchhusten (Perfussis), bei Pseudo-Krupp, allen Lungenerkrankungen, Lungenentzündung (Pneumonie), Schluckbeschwerden, Schnupfen aber auch zur Regulierung von Schilddrüsenproblemen. Durch seine Schwingung wird das Hals-Chakra geöffnet und daher hilft der Türkis auch bei Sprachproblemen wie dem Stottern oder wenn „die richtigen Worte zur richtigen Zeit" fehlen. Weiterhin setzt man den Türkis ein bei Zahnfleischentzündungen, Zahnfleischbluten oder Parodontose. – Ebenso wirkt er auf Gelenke und Muskeln, sowohl Bänderdehnungen, Entzündungen oder Zerrungen, Muskelkater, Muskelverhärtungen, Verspannungen ist der Türkis mit seiner Wirkung hilfreich. – Der Türkis fördert ebenso die Entgiftung und

Entsäuerung des Körpers und wirkt daher auf den Nierenbereich. So kann man ihn auch bei Blasen- und Nierensteinen zu Hilfe nehmen. Auch Ödeme verschwinden durch den Türkis. Er fördert den Fettabbau und kann so auch unterstützend bei Diäten eingesetzt werden. – Der Türkis hilft uns durch seine Ausstrahlung bei der Abgrenzung gegenüber seelischen Belastungen. So verschwinden Stimmungsschwankungen, Angstzustände und Depressionen, die Stimmung hebt sich, unsere Energiereserven werden nicht mehr angegriffen. Daher ist der Türkis auch bei Erschöpfungszuständen ein sehr guter Stein. – Dieser Stein wirkt reinigend und stärkend auf die Aura, er schützt uns vor negativen Energien und Schwingungen. Früher wurde er auch gegen die Auswirkungen von Schwarzer Magie eingesetzt. Durch seinen Einsatz wird die seelische Harmonie wieder hergestellt, unsere Intuition gestärkt und dadurch, daß wir innerlich zur Ruhe kommen, auch die Meditation vertieft.

Turmalin

(Mineralgruppe)

Zuordnungen:

Chakra: Herz-Chakra
Westl. Sternzeichen: Waage, Skorpion, Steinbock
Chin. Sternzeichen: Hund, Schwein, Büffel
Element: grün, schwarz: Erde; rot: Feuer; rosa: Luft

Eigenschaften:

Farbe:	je Turmalinart unterschiedlich
Transparenz:	durchsichtig bis undurchsichtig
Strichfarbe:	weiß
Kristallsystem:	trigonal
Mohshärte:	7 - 7,5
Dichte:	2,9 - 3,2
Chemie:	$(Na,Ca)(Mg,Al)_6\ [B_2Al_3Si_6(O,OH)_{30}]$
Vorkommen:	Pakistan, Nepal, Brasilien, USA, Italien u.a.

Besonderheiten:

Die Kristallenden von Turmalinen laden sich durch Erwärmung und Reibung entgegengesetzt auf. In der heutigen Zeit werden oft die Eigennamen der verschiedenen Turmaline ersetzt durch die Farbangabe, z.B. „schwarzer Turmalin“ oder „grüner Turmalin“.

Turmalinarten:

Schörl	siehe Einzelbeschreibung
Achroit	Farbe: farblos, durchsichtig, desh. auch Farbloser Turmalin
Rubellit	siehe Einzelbeschreibung
Verdelith	siehe Einzelbeschreibung
Indigolith	siehe Einzelbeschreibung

Heilwirkung:

Turmaline wirken gegen Angstzustände und Arterienverkalkung, sie steigern das Erinnerungsvermögen, lindern Atembeschwerden, helfen bei Bewegungs- und Gleichgewichtsstörungen, reinigen das Blut, helfen bei brüchigen Nägeln, bei Flechten, regen das Immunsystem und die Hormonproduktion an, helfen bei Drüsenentzündungen, fördern die Entgiftung und helfen so auch beim Fettabbau, wirken allgemein stärkend auf die Leber, helfen gegen Reisekrankheit und Schwindelanfälle

Turmalinquarz

Zuordnungen:

Chakra: Wurzel-Chakra,
Scheitel-Chakra
Element: Luft (etwas Erde)

Eigenschaften:

Farbe:	schwarz, klar, milchig-trübe
Transparenz:	durchsichtig bis durchscheinend
Strichfarbe:	weiß
Kristallsystem:	trigonal
Mohshärte:	7
Dichte:	2,65 - 2,67
Chemie:	SiO_2
Vorkommen:	Brasilien, Madagaskar u.a.

Besonderheiten:

Der Turmalinquarz ist eine Verbindung aus Bergkristall und Schörl. So vereinigt er die Heilkraft des einen mit dem Schutz des anderen.

Heilwirkung:

Der Turmalinquarz hat einen weitreichenden Einsatzbereich: So setzt man ihn z.B. ein bei Gelenkentzündungen und -verschleiß, Arthritis und Arthrose, bei Antriebslosigkeit, geistiger Anspannung und Erschöpfung. Man sagt ihm nach, daß er den Alterungsprozeß verzögert. Auch bei Alkoholproblemen soll der Turmalinquarz helfen. Er holt unterdrückte Aggressionen ins Bewußtsein und hilft uns, mit ihnen besser umzugehen.

Ulexit

Zuordnungen:

Chakra: Scheitel-Chakra
Westl. Sternzeichen: Zwillinge
Chin. Sternzeichen: Pferd
Element: Luft

Eigenschaften:

Farbe:	farblos, weiß
Transparenz:	durchsichtig
Strichfarbe:	weiß
Kristallsystem:	triklin
Mohshärte:	1 - 2
Dichte:	2
Chemie:	$NaCa\,[B_5O_6(OH)_6]\,.\,5\,H_2O$
Vorkommen:	USA, Peru, Argentinien, Türkei, Kanada u.a.

Heilwirkung:

Der Ulexit wirkt stärkend auf die Augen, auch bei Ermüdungserscheinungen durch zu langes Lesen oder Fernsehen.

Variscit

Zuordnungen:

Chakra: Sakral-Chakra
Westl. Sternzeichen: Stier, Zwillinge, Skorpion
Chin. Sternzeichen: Schlange, Pferd, Schwein
Element: Erde (etwas Wasser)

Eigenschaften:

Farbe:	gelbgrün, blaugrün
Transparenz:	durchscheinend, undurchsichtig
Strichfarbe:	weiß
Kristallsystem:	rhombisch
Mohshärte:	4 - 5
Dichte:	2,4 - 2,6
Chemie:	$Al[PO_4] . 2 H_2O$
Vorkommen:	Österreich, Deutschland, USA, Bolivien, Brasilien, Australien u.a.

Heilwirkung:

Variscit kurbelt die Stoffwechselvorgänge im Körper an und ist somit z.B. bei Gicht, bei Übersäuerung oder bei Rheumatismus einsetzbar. Auch bei Magengeschwüren und Gastritis aber auch bei krampfartigen Schmerzen hilft er. Er stärkt die Nerven und ist ein wahrer Muntermacher bei Erschöpfung, Energielosigkeit, chronischer oder temporärer Müdigkeit (z.B. Frühjahrsmüdigkeit). Der Variscit fördert die Aufmerksamkeit und das Denkvermögen und erlaubt uns daher, Zusammenhänge schneller zu erfassen.

Versteinertes Holz

Zuordnungen:

Chakra: Wurzel-Chakra
Westl. Sternzeichen: Löwe
Chin. Sternzeichen: Affe
Element: Erde

Eigenschaften:

Farbe:	rot, gelb, braun, schwarz
Transparenz:	undurchsichtig
Strichfarbe:	weiß
Kristallsystem:	trigonal oder amorph, je nach Substanz
Mohshärte:	6,5 – 7
Dichte:	2,6 – 2,65
Chemie:	SiO_2
Vorkommen:	weltweit, USA, Brasilien, Australien

Heilwirkung:

Versteinertes Holz fördert die Bodenständigkeit und wirkt erdend. Es fördert die Erholung und die innere Sammlung, hilft uns beim Zentrieren. Dadurch steigert es auch die Konzentration und fördert die Meditation. Es stärkt die Nerven. Da versteinertes Holz den Stoffwechsel anregt, unterstützt es Übergewichtige beim Abnehmen.

Vesuvian (Idokras)

Zuordnungen:

Chakra: Wurzel-Chakra, Herz-Chakra
Westl. Sternzeichen: Schütze, Steinbock
Chin. Sternzeichen: Ratte, Büffel
Element: Erde

Eigenschaften:

Farbe:	rotbraun, grün, schwarzbraun, gelb, rot
Transparenz:	durchscheinend
Strichfarbe:	weiß, grau
Kristallsystem:	tetragonal
Mohshärte:	6,5
Dichte:	3,27 - 3,47
Chemie:	$Ce_{10}(Mg,Fe)_2Al_4[(OH)_4 \mid (SiO_4)_5 \mid (Si_2O_7)_2]$
Vorkommen:	Italien, Rumänien, Schweiz, Rußland, Mexiko, Norwegen, Kenia, Sri Lanka u.a.

Heilwirkung:

Der Vesuvian wird eingesetzt gegen Ängste, da er die Seele wieder ins Gleichgewicht bringt und die Gelassenheit fördert. So steigert er auch die Lebensfreude und gibt neuen Mut. Sicher hat jeder schon einmal erlebt, daß er bei großer Aufregung oder Angst häufiger als sonst Harndrang verspürte. Durch die Wirkung des Vesuvian auf die Seele wird diese Erscheinung reduziert.

Verdelith

(Turmalin-Gruppe)

Zuordnungen:

Chakra: Herz-Chakra
Element: Erde

Eigenschaften:

Farbe:	grün in allen Nuancen
Transparenz:	durchsichtig bis durchscheinend
Strichfarbe:	weiß
Kristallsystem:	trigonal
Mohshärte:	7 - 7,5
Dichte:	2,82 - 3,32
Chemie:	$(NaCa)(Li,Al)_3\,Al_6[(OH)_4 \mid (BO_3)_3 \mid Si_6O_{18}$
Vorkommen:	Schweden, Namibia, Brasilien, Ural, Maine u.a.

Heilwirkung:

Der Verdelith wirkt allgemein anregend auf den Energiefluß. Auch bei Entzündungen aller Art wird er eingesetzt. Er stabilisiert den Blutdruck und beruhigt die Nerven. Bei Epilepsie zeigt er einen positiven Einfluß. Er harmonisiert die Funktionen des Gehirns und wirkt ausgleichend auf die beiden Gehirnhälften. Er stärkt das Herz. Auch bei Durchblutungsstörungen ist er hilfreich. Er nimmt uns Gefühle der Verzweiflung.

Vivianit

Zuordnungen:

Chakra: Wurzel-Chakra
Westl. Sternzeichen: Steinbock
Chin. Sternzeichen: Büffel
Element: Luft (etwas Erde)

Eigenschaften:

Farbe:	farblos, grünblau
Transparenz:	durchscheinend, opak
Strichfarbe:	weiß, blaugrün
Kristallsystem:	monoklin
Mohshärte:	2
Dichte:	2,6 - 2,7
Chemie:	$Fe_3 [PO_4]_2 . 8 H_2O$
Vorkommen:	Großbritannien, Bolivien, USA, Kamerun u.a.

Heilwirkung:

Der Vivianit wirkt auf die Zusammensetzung des Blutes und reguliert auch Mangelerscheinungen in diesem Bereich. Er gibt uns Kraft und Energie. So macht uns der Einsatz dieses Steines aktiver, ohne daß wir die notwendige Gelassenheit in anstrengenden oder belastenden Situationen verlieren.

Wulfenit

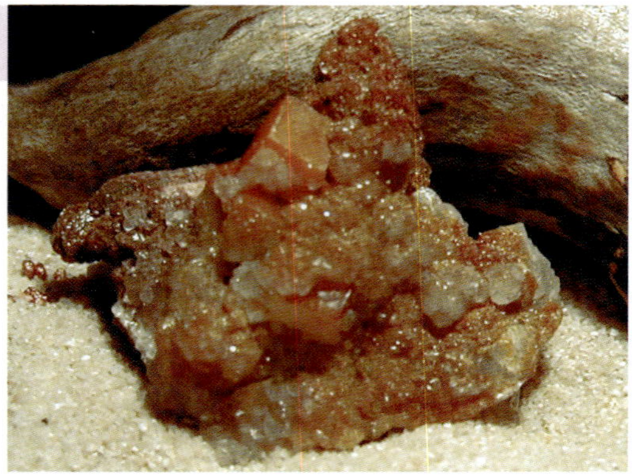

Zuordnungen:

Chakra: Solarplexus-Chakra
Westl. Sternzeichen: Schütze
Chin. Sternzeichen: Ratte
Element: Erde

Eigenschaften:

Farbe:	honiggelb, orange, rötlich
Transparenz:	durchsichtig bis durchscheinend
Strichfarbe:	gelbweiß
Kristallsystem:	tetragonal
Mohshärte:	3
Dichte:	6,7 - 6,9
Chemie:	$Pb[MoO_4]$
Vorkommen:	Deutschland, Österreich, Namibia, Mexiko, Marokko, Algerien, Australien u.a.

Besonderheiten:

Wulfenit ist sehr brüchig, man sollte stets vorsichtig damit umgehen.

Heilwirkung:

Der Wulfenit wirkt allgemein stärkend auf Arterien und Gefäße, man setzt ihn deshalb bei Arterienverkalkung (Arteriosklerose) ein. Er stärkt den Magen und den Darm und hilft daher auch bei Magen-Darm-Erkrankungen oder Darmbeschwerden. Verhärtungen im Gewebe, Gewebswucherungen sowie starke Narbenbildungen werden mittels eines Wulfenit aufgelöst. Auch bei Muskelschwund ist der Wulfenit hilfreich. – Mit Hilfe des Wulfenit kann man die Ursache für eigene Verhaltensmuster erkennen und diese auflösen.

Zinnober

Zuordnungen:

Chakra: Wurzel-Chakra
Westl. Sternzeichen: Löwe
Chin. Sternzeichen: Affe
Element: Feuer

Eigenschaften:

Farbe:	rot, braunrot
Transparenz:	durchscheinend
Strichfarbe:	rot
Kristallsystem:	trigonal
Mohshärte:	2 - 2,5
Dichte:	8,1
Chemie:	HgS
Vorkommen:	Italien, Rußland, China, USA, Spanien u.a.

Besonderheiten:

Zinnober sollte außerhalb der Reichweite von Kindern und Tieren aufbewahrt werden, da es giftig ist. Entsprechend sollte man nach jeder Anwendung von Zinnober die Hände gründlich waschen.

Heilwirkung:

Zinnober wirkt anregend auf den Energiefluß im ganzen Körper. Man kann es benutzen bei Geschwüren aller Art sowie bei Drüsenverhärtungen. Auch bei Stoffwechselstörungen und Darmbeschwerden ist es hilfreich. Es mildert Mundgeruch und Schweißgeruch. Man kann es bei Schleimhautentzündungen einsetzen. - Zinnober fördert schnelles Denken, indem es die Reaktionsschnelligkeit des Gehirns beeinflußt. So stärkt es auch das Erinnerungsvermögen und fördert die Konzentration. Auch bei Stimmungsschwankungen wirkt es ausgleichend.

Zirkon

Zuordnungen:

Chakra: Wurzel-Chakra, Sakral-Chakra
Westl. Sternzeichen: Skorpion, Wassermann
Chin. Sternzeichen: Schwein, Büffel
Element: Erde (etwas Luft)

Eigenschaften:

Farbe:	siehe Zirkonarten
Transparenz:	durchsichtig, durchscheinend, opak
Strichfarbe:	weiß
Kristallsystem:	tetragonal
Mohshärte:	6,5 - 7,5
Dichte:	4 - 4,7
Chemie:	$Zr\ [SiO_4]$
Vorkommen:	Frankreich, USA, Kanada, Madagaskar, Sri Lanka, Australien, Brasilien u.a.

Besonderheiten:

Der Zirkon ist ein sehr starker Energiestein, den viele Menschen nicht direkt am Körper tragen können. Es empfiehlt sich, den Zirkon nicht mit Wasser in Berührung zu bringen.

Zirkonarten:

Jargon	Farbe: farblos, gelb
Hyazinth	Farbe: rötlich bis orangerot
Starlit	Farbe: grünlich, bläulich

Heilwirkung:

Dieser Stein hat eine starke Wirkung auf die Atemwege, so setzt man ihn ein bei Atemwegsproblemen und Asthma. Dies gilt sowohl für allergische Erscheinungen als auch für chronische Krankheiten in diesem Bereich. Er lindert – auch bei Heuschnupfen – Atembeschwerden, unterstützt die Atemfunktion und stärkt die Bronchien. So ist er auch bei Bronchitis einsetzbar. – Der Zirkon hilft ebenso bei Herzproblemen, Gichterkrankungen und Milz-, Nieren- und Leberproblemen. Ebenso werden Wasseransammlungen (Ödeme) durch die Einwirkung des Zirkon aus dem Körper geschleust. Er hilft beim Entschlacken und beugt Blutgerinnseln (Embolien) nach Operationen vor. Auch bei allen Arten von Entzündungen hilft der Zirkon dem Körper bei der Heilung. – Durch seine anregende Wirkung auf die Hormondrüsen ist er auch bei einem zu langen Zyklus, Menstruationsbeschwerden und -krämpfen gut einzusetzen. Bei fehlendem Antrieb oder Antriebsschwäche ist der Zirkon hervorragend geeignet, um diesen Zustand zu beheben. Er gibt uns innerliche Kraft und steigert das Durchhaltevermögen. Da der Zirkon anregend wirkt, sollte man ihn auf keinen Fall nachts tragen oder in der Nähe des Bettes aufbewahren. In Zeiten jedoch, wo man mit wenig Schlaf auskommen muß, sollte man ihn den ganzen Tag am Körper tragen.

Zoisit (Zoisitgruppe)

Zuordnungen:

Westl. Sternzeichen: Zwillinge
Chin. Sternzeichen: Pferd
Element: Erde, Feuer

Eigenschaften:

Farbe:	siehe Zoisitarten
Transparenz:	durchscheinend, undurchsichtig
Strichfarbe:	weiß
Kristallsystem:	rhombisch
Mohshärte:	6 - 6,5
Dichte:	3,2 - 3,4
Chemie:	Ca_2Al_3 [O ǀ OH ǀ SiO_4 ǀ Si_2O_7]
Vorkommen:	Schweiz, USA, Tansania, Italien u.a.

Zoisitarten:

Anyolith	Farbe: grauweiß, grün
Thulit	siehe Einzelbeschreibung
Tansanit	Farbe: rot, gelblich, blau

Heilwirkung:

Zoisite werden eingesetzt z.B. bei Arthritis (Gelenkentzündung), Arthrose, zur Senkung des Cholesterinspiegels, zur Förderung der Erholung und Regeneration. Sie helfen, verborgene Gefühle zu erkennen, lindern Hodenentzündung, helfen bei Potenzproblemen und anderen sexuellen Problemen, fördern die Intuition und das Gefühl für die Selbstbestimmung.

Chakras und Heilsteine

Das Wort Chakra stammt aus der altindischen Sprache Sanskrit und bedeutet übersetzt so viel wie „Rad". Dieses Wort ist auch heute noch in Gebrauch: z.B. heißt die Nationalflagge Indiens Dharma Chakra (= Rad des Gesetzes) und ist eine Nachbildung eines Emblems aus dem 3. Jahrhundert vor Christus. Erste Aufzeichnungen über die Chakras wurden bereits in den Upanishaden, den heiligen vedischen Schriften aus der Zeit um 500 vor Christus gefunden.

Die sogenannten Chakras sind verschiedene „Energie-Räder, -Strudel oder -Wirbel". Da sie nicht aus Materie bestehen, weder sichtbar (zumindest von den meisten Menschen) noch anatomisch nachzuweisen sind, wird ihre Existenz von vielen Menschen angezweifelt oder sogar heftig bestritten. Es läßt sich jedoch nicht leugnen, daß Energiezentren nicht nur in Indien, sondern überall auf der Welt früher bereits bekannt waren. So gibt es in dieser Hinsicht auch Überlieferungen aus unserer Region: In der „Theosophia Practica" des deutschen Mystikers Johann Gichtel aus dem Jahr 1696 finden sich Aufzeichnungen über Energiewirbel. Der Begriff Chakra (gebräuchliches Plural ist sowohl Chakras als auch Chakren) hat sich wohl durch die Yogalehre eingebürgert, die 1920 über Amerika in die ganze Welt verbreitet wurde.

Die Chakras durchstrahlen den Körper, entsprechend ihrer Lage, in verschiedenen Bereichen: Sie beeinflussen Organfunktion, Kreislauf oder Hormontätigkeit, aber auch Emotionen und Gedanken. Dabei wandeln sie von außen aufgenommene Energien und Informationen um und stellen diese für körperliche, seelische und geistige Prozesse zur Verfügung. Dadurch wird der ausgeglichene Energiefluß im Körper gewährleistet und aufrechterhalten. Bereits im Kapitel über die Wirkungsweise der Heilsteine wurde kurz erwähnt, welche Ursachen zu einem Ungleichgewicht in Körper oder Seele führen können – und dieses Ungleichgewicht beeinflußt dann direkt die Chakra-Funktion (und umgekehrt). Auch hier wird wieder der Bezug zwischen Innen und Außen (bzw. Mikrokosmos und Makrokosmos) deutlich.

Jedem der sieben Chakras sind außer bestimmten Aufgaben- und Wirkungsbereichen auch Farben, Töne und Elemente zugeordnet. Es gibt noch weit mehr Chakras, die hier aber außer acht gelassen werden, weil durch einwandfreie Funktion der Haupt-Chakras die anderen Chakras mit beeinflußt und harmonisiert werden (n der Yogatradition z.B. spricht man von über 80.000 Chakras). Die von den Chakras aufgenommene Energie fließt (über ebenfalls unsichtbare Energiekanäle von unten nach oben über die Wirbelsäule. Diese Energiekanäle sind die Meridiane und zumindest dem Namen nach sehr vielen Menschen bekannt (z.B. durch die Akupunktur): Durch die Chakras werden also die **Meridiane** mit Energie versorgt. Weiterhin strahlt die Energie der Chakras nach außen und bildet dadurch die **Aura.**

Bedingt durch Umwelteinflüsse, falsche Ernährung, Streß oder auch negative Gedanken werden die Chakras in ihrer Funktion gestört. Solch eine Störung kann sowohl in einer energetischen Unterversorgung als auch in einer Überfunktion des Chakras zum Ausdruck kommen. Dies äußert sich z. B. in Form von seelischen Problemen, Befindlichkeitsstörungen, unangenehmen Gefühle, Organfunktionsstörungen oder, im schlimmsten Fall, sogar als chronische Krankheit. Jedes Chakra hat einen speziellen Bereich im Körper, für dessen "Wohlergehen" es "verantwortlich" ist. Nur wenn alle Chakras ausgeglichen und optimal arbeiten,

Nr.	Chakra	Funktionen	Edelsteine
1	Wurzel-Chakra	Tatkraft, Nächstenliebe, Anus, Darm, Blut. Prostata, Beine, Zellaufbau	Hämatit, Granat, Jaspis, Heliotrop, Rubin, Koralle
2	Sakral-Chakra	Beziehungen, Blut, Beckenraum, Fortpflanzungsorgane, Nieren, Lymphe, Verdauungssäfte, Blase	Karneol, Mondstein, Feueropal, Sonnenstein
3	Solarplexus-Chakra	Selbstwertgefühl, Leber, Milz, unterer Rükken, Galle, Magen, vegetatives Nervenzentrum	Bernstein, Pyrit-Sonne, Goldtopas, Tigerauge, Rutilquarz, Citrin
4	Herz-Chakra	Liebesfähigkeit, Herz, Haut, oberer Rücken und Brustkorb, unterer Lungenbereich, Blut- und Kreislaufsystem	Aventurin, Malachit, Smaragd, Chrysopras, Jade, Moosachat, Chrysokoll, Peridot, Wassermelonen-Turmalin, Kunzit, Rosenquarz, Rhodonit, Koralle, Rhodochrosit
5	Hals-Chakra	Ausdruck, Hals-, Nacken- und Kieferbereich, Ohren, Stimme, oberer Lungenbereich, Arme, Luftröhre, Bronchien	Chalcedon, Aquamarin, Chrysokoll, Pyrit, Türkis
6	Stirn-Chakra	Intuition, Gesicht, Augen, Nase, Ohren, zentrales Nervensystem, Kleinhirn	Sodalith, Azurit, Saphir, Lapislazuli, Falkenauge
7	Scheitel-Chakra	Höheres Bewußtsein, Großhirn	Amethyst, Fluorit, Sugilith, Diamant

ist ein Mensch gesund und fühlt sich wohl. Die unteren drei Chakras haben dabei einen maßgeblichen Einfluß auf die Funktionen der oberen Chakras.

Wie wir alle wissen, gibt es sehr viele Steine in den unterschiedlichsten Farben. Diese werden in der Steinheilkunde (entsprechend ihrer Farbe) dem farblich entsprechenden Chakra zugeordnet. Da die Chakras von außen Energie aufnehmen, können sie durch einen entsprechenden Heilstein wieder zu ihrem ursprünglichen Gleichgewicht kommen. Im allgemeinen wird über die Körpervorderseite feinstoffliche Energie aufgenommen, über die Körperrückseite werden Energien abgegeben.

Energiezentren (Chakren) und Heilsteine

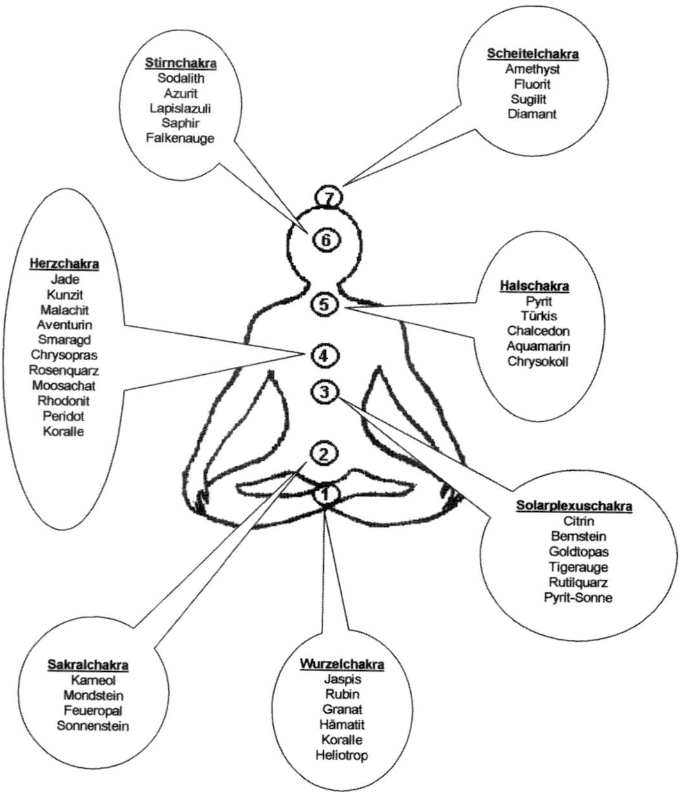

Heilsteine und Sternzeichen

Bis Anfang des 18. Jh. gehörte an den deutschen Universitäten das Fach „Astrologie“ zur Grundausbildung für angehende Mediziner. Heutzutage liest zwar fast jeder recht regelmäßig „sein“ Horoskop in der Zeitung, dennoch werden die früher bekannten, tiefgreifenden Erkenntnisse der Astrologie weitgehend vernachlässigt. Bereits wenn Sie die Aussagen verschiedener Publikationen miteinander vergleichen, können Sie feststellen, daß diese stark voneinander abweichen – in der einen Zeitschrift wird z.B. für den Tag eine gute Prognose gestellt, in der nächsten steht, Sie sollen sich an dem Tag am besten gar nicht aus dem Haus begeben ...

Ähnliches erleben viele Menschen, die sich für die Heilsteinkunde interessieren. In vielen Büchern weichen die Zuordnungen der Heilsteine zu den Tierkreiszeichen erheblich ab. Wer sich intensiver mit der Astrologie beschäftigt hat, weiß, daß für eine genaue Prognose immer mehr Angaben als das Sternzeichen alleine berücksichtigt werden sollten. Dazu gehören z.B. Geburtstag, Geburtsort und Geburtsstunde. Mit allen zusammen kann wirklich ein für den Betreffenden passendes Horoskop zusammengestellt werden. Zusätzlich kommt es dann noch auf den Einzelnen an, wie er seine mitgebrachten Voraussetzungen lebt, wie er persönlich mit den täglichen Herausforderungen des Lebens umgeht.

Eine Zusammenfassung gemäß den in den Zeitschriften veröffentlichten Eingruppierungen wäre eine große Verallgemeinerung: So wie sich „der Deutsche“ nur schwerlich charakterisieren läßt, ist dies auch für „den Stier“ nicht möglich. Wie ist das aber nun mit der Zuordnung von Steinen zu einem Sternzeichen? In der Astrologie werden jedem Sternzeichen bestimmte Körperzonen zugeordnet. Für den Widder sind dies z.B. der Kopfbereich bis unterhalb der Nase, für den Stier Kiefer, Zähne, Ohren, Kehlkopf, Schilddrüse und Sprachorgane, Hals und Nacken.

Bei einer zusätzlichen Auseinandersetzung mit den Mondzyklen wird klar, daß die Empfehlung bestimmter Steine nicht für „den Stier“ etc. gedacht ist, sondern für den Tag, an dem z.B. das Sternzeichen Stier am Himmel steht, also jeden Monat jeweils zwei bis drei Tage. Das heißt, wenn der Mond im Stier steht (um bei dem gewählten Beispiel zu bleiben), wird an diesen Tagen jede Vorbeugungsmaßnahme für die dem Stier zugeordneten Körperbereiche doppelt wirksam. Wenn wir die Zuordnung der Heilsteine zu den Sternzeichen auf diese Weise verstehen, können wir hier sehr viel Vorbeugendes und Unterstützendes für unsere Gesundheit tun.

In der vorhandenen Literatur und Überlieferung gibt es große Unterschiede bei der Zuordnung der Mineralien und Heilsteine in Bezug zu dem jeweiligen Sternzeichen. In der nachfolgenden Liste finden Sie eine Zusammenfassung der häufig genannten Steine. Eine genaue Festlegung eines einzelnen Steines zu einem Sternzeichen halte ich allgemein nicht für möglich. Zwar mag sich der eine oder andere einem Stein von seiner Aussagekraft zugehörig fühlen, bedenken Sie jedoch, daß jeder Mensch in seinem Leben unzählige Veränderungen durchläuft und somit die Merkmale verschiedener Steinen durchlebt.

Zuordnung der Heilsteine nach der westlichen Astrologie

Sternzeichen	Symbol	Mineral und Edelstein
Widder 21.03.-20.04.	♈	Amethyst, Granat, Hämatit, Jaspis, Lapislazuli, Rhodochrosit, Rubin, Sodalith, Karneol, roter Turmalin
Stier 21.04.-21.05.	♉	Achat, Aquamarin, Aventurin, Amazonit, Azurit-Malachit, Saphir, Chrysokoll, Jade, Jaspis, Karneol, Malachit, Rosenquarz, Smaragd, Rhodochrosit, Türkis, Citrin, Moosachat
Zwillinge 22.05.-21.06.	♊	Achat, Aquamarin, Bergkristall, Bernstein, Citrin, Granat, Jaspis, Tigerauge, Karneol, Goldtopas, blauer und weißer Chalcedon
Krebs 22.06.-22.07.	♋	Achat, Aquamarin, Jaspis, Bergkristall, Chalcedon, Jade, Rosenquarz, Rhodochrosit, Smaragd, Aventurin, Opal, Mondstein
Löwe 23.07.-23.08.	♌	Bernstein, Citrin, Granat, Jaspis, Karneol, Lapislazuli, Rubin, Sodalith, Tigerauge, Goldtopas, Bergkristall
Jungfrau 24.08.-23.09.	♍	Amethyst, Aquamarin, Citrin, Chalcedon, Lapislazuli, Soda lith, Tigerauge, Jaspis, Karneol,Bernstein, Saphir, Wasseropal
Waage 24.09.-23.10.	♎	Aquamarin, Aventurin, Amazonit, Bergkristall, Jade, Malachit, Topas, Rosenquarz, Rhodochrosit, Kunzit, Türkis, Smaragd, Chrysokoll, Turmalin
Skorpion 24.10.-22.11.	♏	Amethyst, Aquamarin, Bernstein, Citrin, Granat, Hämatit, Malachit, Obsidian, Rhodochrosit, Rubin, Tigerauge, Jaspis, Blutjaspis, Achat, Turmalin
Schütze 23.11.-21.12.	♐	Amethyst, Amazonit, Bernstein, Granat, Jaspis, Lapislazuli, Türkis, Obsidian, Onyx, Smaragd, Sodalith, Tigerauge, Chrysokoll, Topas, Opal, Aventurin, Chalcedon, Wassersaphir
Steinbock 22.12.-20.01.	♑	Bernstein, Chalcedon, Granat, Hämatit, Lapislazuli, Obsidian, Onyx, Rhodochrosit, Sodalith, Jaspis, Mondstein, Turmalin, Rauchquarz, Bergkristall
Wassermann 21.01.-19.02.	♒	Amethyst, Bernstein, Hämatit, Karneol, Lapislazuli, Obsidian, Onyx, Chrysokoll, Türkis, Opal, Topas, Aventurin, hellblauer Fluorit, Wassersaphir, Saphir
Fische 20.02.-20.03.	♓	Amethyst, Aquamarin, Jade, Amazonit, Bergkristall, Jaspis, Kunzit, Lapislazuli, Smaragd, Sodalith, Türkis, Mondstein, Fluorit, Wassersaphir, Saphir, Opal

Astrologische Zuordnung der Edelsteine bei den Indianern

Nach Kenneth Meadows

Sternzeichen	Richtung	Edelstein	Element
Falke: 21.03.-19.04.	Nordosten	Opal	Feuer
Biber: 20.04.-20.05.	Osten	Jaspis	Erde mit Feuer
Hirsch: 21.05.-20.06	Südosten	Achat	Luft mit Feuer
Specht: 21.06.-21.07.	Südsüdost	Rosenquarz	Wasser
Lachs: 22.07.-21.08.	Süden	Karneol	Feuer mit Wasser
Braunbär: 22.08.-21.09.	Südsüdwest	Topas	Erde
Rabe: 22.09.-22.10.	Südwesten	Azurit	Luft mit Erde
Schlange: 23.10.-22.11.	Westen	Amethyst	Wasser mit Erde
Eule: 23.11.-21.12.	Nordwesten	Obsidian	Feuer mit Erde
Gans: 22.12.-19.01.	Nordnordwest	Peridot	Erde mit Luft
Otter: 20.01.-18.02.	Norden	Türkis	Luft
Wolf: 19.02.-20.03.	Nordnordost	Jade	Wasser mit Luft

Kristallsysteme

Die Kristallsysteme lassen sich wissenschaftlich in sieben Gruppen bzw. Systeme einteilen. Die Unterscheidung der einzelnen Kristallsysteme erfolgt über den Winkel, der durch das Kreuzen der einzelnen Achsen entsteht.

Kubisches Kristallsystem

Kristalle mit einer quadratischen inneren Struktur
z.B.: Diamant, Fluorit, Granat, Halit, Pyrit u.a.

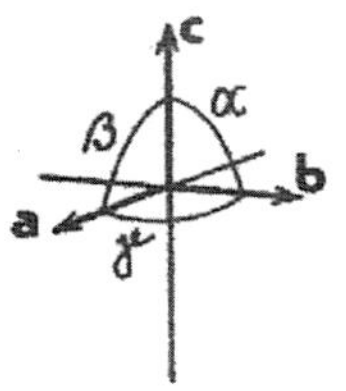

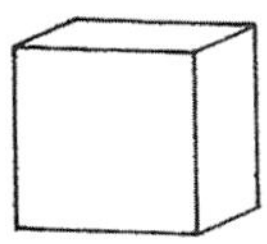

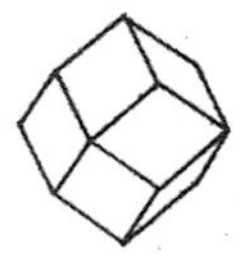

Hexagonales Kristallsystem

Kristalle mit einer sechseckigen inneren Struktur
z.B.: Apatit, Aquamarin, Beryll, Smaragd, Sugilit u.a.

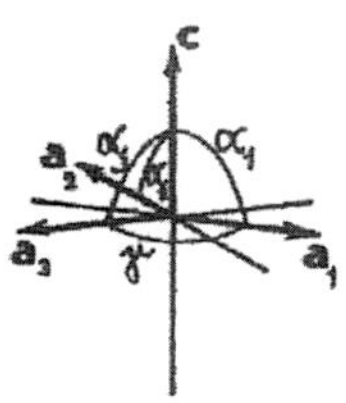

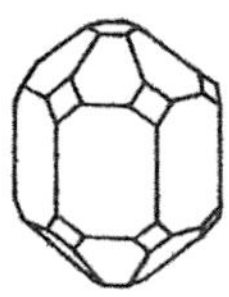

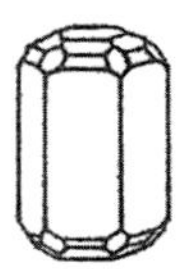

Triklines Kristallsystem

Kristalle mit der inneren Struktur eines Trapezes
z.B.: Astrophyllit, Labradorit, Rhodonit, Türkis, Ulexit u.a.

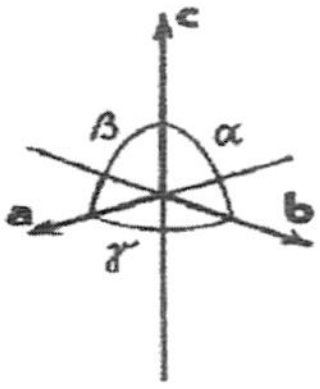

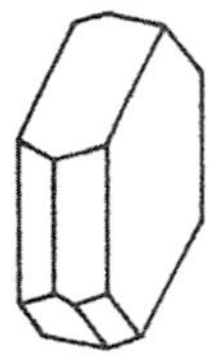
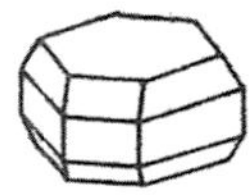

Trigonales Kristallsystem

Kristalle mit einer dreieckigen inneren Struktur
z.B.: Amethyst, Bergkristall, Calcit, Dioptas, Dolomit u.a.

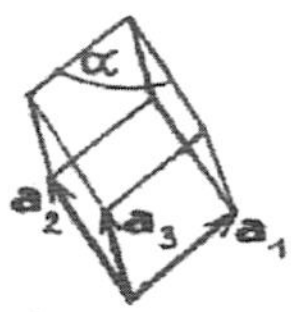

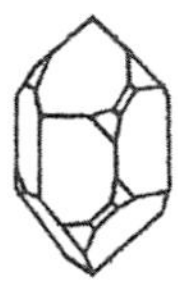
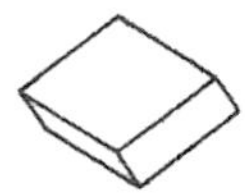

Tetragonales Kristallsystem

Kristalle mit einer rechteckigen inneren Struktur
z.B.: Wulfenit, Vesuvian, Zirkon, Bornit u.a.

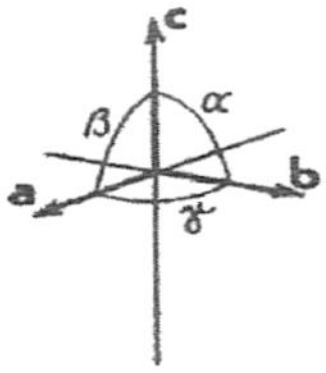

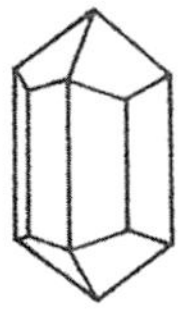
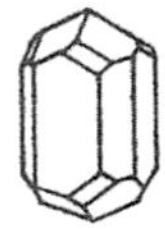

Rhombisches Kristallsystem

Kristalle mit einer rautenförmigen inneren Struktur
z.B.: Alexandrit, Coelestin, Peridot, Prehnit, Topas u.a.

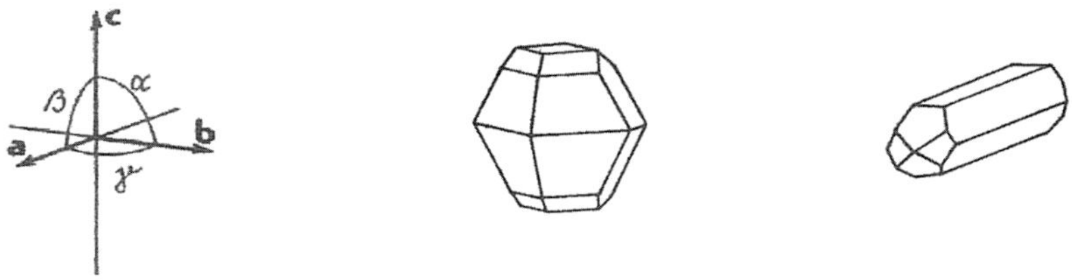

Monoklines Kristallsystem

Kristalle mit der inneren Struktur eines Parallelogramms
z.B.: Azurit, Epidot, Howlith, Malachit, Serpentin u.a.

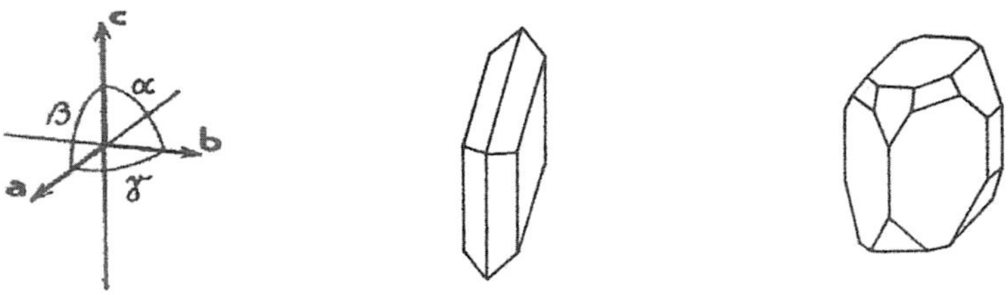

Amorphes Kristallsystem

Dieses ist dem eigentlichen Kristallsystem nicht zugeordnet. Es gibt jedoch Steine, die keine inneren Strukturen aufbauen konnten, da die Gesteinsbildung einfach zu schnell vor sich ging. Diese werden dem amorphen Kristallsystem zugeordnet; zu ihnen gehören z.B. Bernstein, Obsidian, Opalith, Tektit u.a.

Anmerkung:
Bei Anwendung der ganzheitlichen Heilmethode zeigen sich Parallelen zwischen Kristallsystem und Psyche. So kann zum Beispiel ein amorpher Stein einem Menschen helfen, mit dem Chaos in seinem Umfeld besser zurechtzukommen und damit umzugehen.

Index der Symptome

Index der Symptome

Index der Symptome

Index der Symptome

Index der Symptome

Index der Symptome

Index der Symptome

Index der Symptome

Index der Symptome

Blasenkoliken	Vesuvian
Blaue Flecken (Hämatome)	Rosenquarz
Blick in die geistige Welt erleichtern	Zirkon
Blockaden im Energiesystem	Bergkristall, Citrin, Obsidian, Schörl
Blockaden jeder Art lösend/ abbauend	Achat, Bergkristall, Howlith, Jadeit, Magnetit, Obsidian, Schörl
Blockaden, emotionale	Feueropal, Magnetit, Obsidian, Tigerauge
Blockaden, geistige	Azurit, Bergkristall, Fluorit, Malachit
Blut im Harn	Karneol, Perle
Blutarmut	Hämatit
Blutbildung anregen	Cuprit, Granat, Hämatit, Koralle, Moqui Marbles
Blutdruck stabilisierend	Amethyst, Calcit, Chrysopras, Rhodochrosit, Verdelith
Blutdruck, zu hoch	Chrysokoll, Koralle, Lapislazuli, Labradorit, Saphir, Sarder, Sodalith, Verdelith
Blutdruck, zu tief	Calcit, Goldtopas, Granat, Grossular, Lapislazuli, Rhodochrosit, Rubin, Smaragd, Sodalith
Bluterbrechen	Rubin
Blutergüsse (Hämatome)	Amethyst, Hämatit, Kunzit, Rosenquarz
Bluterkrankungen	Hämatit, Quarz
Blutgefäße	Bergkristall, Rubellit
Blutgefäße, verengte	Bergkristall, Euklas
Blutgerinnsel auflösen	Amethyst, Hämatit, Jaspis
Blutgerinnung verringern	Jaspis, Opal
Bluthusten	Rubin
Blutkörperchen, rote	Hämatit, Tigereisen
Blutkörperchen, weiße	Alexandrit, Bergkristall, Koralle, Peridot
Blutkrankheiten	Amethyst, Diamant, Rosenquarz, Rubin, Sugilit
Blutkrebs (Leukämie)	Alexandrit, Aquamarin, Diopsid, Girasol, Granat, Hämatit, Opal, Rosenquarz, Rubin, Sugilit, Turmalin
Blutplasma	Moosachat
Blutqualität verbessern	Granat, Hämatit, Karneol
Blutreinigung	Amethyst, Cuprit, Granat, Hämatit, Mookait, Rubellit, Rubin, Rhodochrosit, Tigereisen, Turmalin
Blutstauungen auflösen	Karneol
Blutsturz, vorbeugend	Chrysopras
Blutungen stillen	Alunit, Bergkristall, Chalcedon, Karneol, Hämatit, Perle, Rhodonit
Blutungen, überstark (Menorrhagie)	Jaspis, Perle
Blutvergiftung (Septikämie)	Karneol, Rhodochrosit, Sugilit

Index der Symptome

C

Index der Symptome

Index der Symptome

Drüsen, geschwollene	Aquamarin, Beryll, Chrysoberyll, Topas
Drüsen, innere	Aquamarin, Chalcedon
Drüsen, stärkend	Achat, Dumortierit, Gold, Serpentin
Drüsen: Zirbeldrüse anregend	Bergkristall, Blautopas, Goldtopas, Lepidolith, Mondstein
Drüsenabschwellend (Lymphe)	Girasol, Moosachat
Drüsenentzündung	Aquamarin, Chalcedon, Turmalin, Topas
Drüsenerkrankung	Chrysopras, Diamant, Lapislazuli, Serpentin, Sodalith
Drüsenerkrankung d. Lymphe	Bernstein, Koralle, Topas
Drüsenfehlfunktion	Aquamarin, Bernstein, Chrysopras
Drüsenfieber	Bernstein, Kunzit, Indigolith, Rhodonit, Rhodochrosit
Drüsenfunktion	Iolith
Drüsenstörung	Aquamarin, Bernstein, Diamant, Sodalith
Drüsenverhärtung	Zinnober
Dünndarm stärkend	Achat, Heliotrop, Kunzit
Dünndarmentzündung	Jaspis, Rauchquarz, Turmalin
Duodentitis (Entzündung des Zwölffingerdarms)	Smaragd
Durchblutung anregen	Obsidian, Rhodochrosit
Durchblutungsstörungen	Granat, Heliotrop, Karneol, Koralle, Pyrit, Rhodochrosit, Rubin, Verdelith
Durchfall	Aventurin, Bergkristall, Jaspis, Magnesit, Smaragd
Durchhaltewillen	Danburit, Eisenkiesel, Karneol, Quarz, Rauchquarz, Rosenquarz
Dystenie (Ruhr)	Smaragd
Dystonie, vegetative	Andenopal, Muskovit, Pietersit, Smaragd, Turmalin, Rosenquarz, Staurolith

E

Ego, gesundes, fördern	Onyx
Egoismus, übertriebener	Amethyst, Rhodochrosit
Eierstockentzündung	Karneol, Rosenquarz
Eierstockgeschwulst	Karneol, Schörl
Eifersucht mindern	Chrysopras, Diamant
Eigene Identität stärken	Andalusit, Chiastolith, Gold, Thulit, Zirkon
Eileiter, stärkend	Chrysopras
Eileiterentzündung	Karneol, Rosenquarz
Eindrücke analysieren	Falkenauge

Index der Symptome

Index der Symptome

Energie, hemmen	Falkenauge, Tigerauge
Energie, reine	Bergkristall
Energie, überschüssige, absorbierend	Bergkristall, Quarz
Energieblockaden auflösen	Bergkristall, Citrin, Obsidian, Pop Rock, Schörl, Thulit
Energiefluß allgemein	Jadeit, Verdelith, Zinnober
Energiefluß anregend	Jadeit, Magnetit, Pop Rock, Schörl, Thulit
Energielenkung	Bergkristall
Energiemangel	Bergkristall, Granat, Jadeit, Purpurit, Rubin, Thulit, Tigereisen, Türkis, Turmalinquarz
Energiespender	Feueropal, Heliodor, Jaspis, Larimar, , Thulit Türkis
Energieversorgung	Obsidian, Thulit
Energieverteilung	Diopsid, Purpurit
Engegefühl	Lapislazuli
Entbindung, einfach, schnell	Achat, Chrysopras, Jadeit, Jaspis
Entgiftung	Achat, Aktinolith, Azurit, Azurit-Malachit, Beryll, Biotit, Chrysoberyll, Chrysopras, Citrin, Covellin, Danburit, Flint-Feuerstein, Fuchsit, Granat, Heliotrop, Herkimer-Diamant, Jaspis, Magnesit, Malachit, Markasit, Nephrit, Opal, Peridot, Prehnit, Rhodonit, Rhodochrosit, Smaragd, Türkis, Turmalin, Zinnober
Entsäuerung des Körpers	Bornit, Granat, Heliotrop, Malachit, Rhodochrosit, Smaragd, Türkis
Entscheidungshilfe	Aktinolith, Hiddenit, Iolith, Jadeit
Entscheidungskraft aktivierend	Aktinolith, Azurit, Bernstein, Eisenkiesel, Hiddenit, Lepidolith, Rubin, Saphir, Tigerauge
Entschlacken	Chrysopras, Heliotrop, Howlith, Koralle, Magnesit, Zirkon
Entspannung	Amazonit, Ametrin, Bergkristall, Biotit, Chrysokoll, Covellin, Girasol, Granat, Jadeit, Jaspis, Kupfer, Magnesit, Magnetit, Rauchquarz, Rubellit, Schörl, Turmalinquarz
Entstörung von Narben	Bergkristall, Quarz, Rhodonit, Schörl
Entwicklung	Bergkristall, Quarz
Entwicklungen beschleunigen	Calcit, Turmalin
Entwicklungen steuern	Turmalin
Entwicklungsprozesse erkennen	Chalkopyrit, Turmalin
Entzündung der Augen	Bergkristall, Onyx, Smaragd

Index der Symptome

Index der Symptome

Erinnerung	Amethyst
Erinnerung an Träume	Bergkristall, Herkimer-Diamant, Mondstein
Erinnerung von Zellen	Edelopal, Feuerachat
Erinnerungsfähigkeit	Achat, Hiddenit, Labradorit, Turmalin
Erinnerungsvermögen stärkend	Zinnober
Erkältungserkrankungen	Aquamarin, Lapislazuli, Opalith, Rutilquarz, Tigerauge, Türkis
Erkältungsneigung	Baumachat
Erkenntnis	Larimar, Moldavit
Erkenntnisdrang	Azurit, Vesuvian
Erkrankung der Schilddrüse	Chalcedon, Chrysokoll, Rhodonit, Türkis
Erkrankung des Dickdarms	Astrophyllit, Calcit, Goldtopas, Moosachat, Rosenquarz
Erkrankungen im Magen-Darm-Bereich	Citrin, Jaspis, Karneol, Pyrit-Sonne
Erkrankungen, chronische	Vesuvian
Erkrankungen, psychosomatische	Hornblende
Erleben, intensives	Citrin, Opal (Edelopal)
Ermüdung der Augen	Achat, Aquamarin, Bergkristall, Falkenauge, Malachit, Smaragd
Ermüdungserscheinungen	Bergkristall, Chiastolith, Granat
Erneuerung von Zellen	Granat, Rhodonit
Ernsthaftigkeit	Turmalin
Erotik	Opal (Edelopal), Rhodochrosit, Rubin, Thulit
Erotische Wünsche	Girasol, Turmalin
Erregbarkeit	Chalcedon, Magnesit
Erregbarkeit, nervöse	Aquamarin, Erdbeerquarz, Goldtopas
Erregung, sexuell	Spinell
Erschöpfte und müde Füße	Bergkristall, Schneeflocken-Obsidian
Erschöpfung allgemein	Bergkristall, Chiastolith, Grossular, Heliotrop, Labradorit, Pyrit, Rauchquarz, Rubin, Turmalin, Verdelith
Erschöpfung, chronische	Heliotrop, Pyrit, Rubin, Variscit
Erschöpfung, körperliche	Chiastolith, Chrysopras, Coelestin, Heliotrop, Moosachat, Quarz, Tigereisen, Türkis
Erstickungsgefühle	Coelestin
Erwärmend	Bergkristall, Bernstein, Karneol, Topas
Erysipel (Wundrose)	Bernstein, Turmalin

Index der Symptome

F

Fähigkeiten mediale	Bergkristall, Mondstein
Fähigkeiten wiedererlangen	Obsidian
Fähigkeiten, mentale, verstärken	Serpentin
Familienprobleme lösen	Jadeit, Rosenquarz, Smaragd, Verdelith
Farbblindheit	Amethyst, Falkenauge
Fehlende Naturverbundenheit	Bernstein, Türkis
Fehler analysieren	Aktinolith, Granat
Fehler einsehen	Aktinolith, Jaspis
Fehlgeburt verhütend	Achat, Chrysokoll, Rubin
Felder elektrische auflösen	Bergkristall, Rosenquarz
Fettabbau	Aventurin, Magnesit, Prehnit, Rauchquarz, Topas, Türkis
Fettgewebe	Amethyst, Bergkristall, Malachit
Fettgewebe stärkend	Quarz
Fettstoffwechsel anregend	Aventurin, Granat, Grossular, Prehnit
Fettsucht (Adipositas)	Citrin, Jadeit, Magnesit, Türkis, Turmalin
Fieber allgemein	Goldtopas, Karneol, Kupfer, Perle, Smaragd, Saphir
Fieber auslösend	Peridot
Fieber senkend	Achat, Bergkristall, Bornit, Chrysokoll, Dumortierit, Gagat, Goldtopas, Lapislazuli, Moosachat, Opal, Peridot, Prasem, Quarz, Saphir
Fieber typhusartig	Karneol, Kupfer, Perle, Schörl
Fieber, remittierend (wiederkehrend)	Karneol, Perle
Fischschuppenkrankheit	Bernstein, Peridot, Turmalin
Flatterhaftigkeit, Instabilität	Bergkristall, Chrysokoll, Dumortierit, Mondstein
Flechten (Haar)	Bernstein, Citrin
Flechten allgemein	Bernstein, Peridot, Turmalin
Flüssigkeit (Einlagerungen), vermindern	Howlith
Föhnanfälligkeit	Amethyst, Bernstein
Förderung der Tatkraft	Granat, Karneol, Magnetit
Förderung des Wachstums	Bernstein, Malachit
Förderung von Ganzheitlichkeit	Turmalinquarz
Förderung von Träumen	Astrophyllit, Bergkristall, Chalcedon, Malachit, Moldavit
Frakturen	Amethyst, Calcit, Magnetit
Frauenleiden allgemein	Karneol, Malachit
Freundschaft festigen	Sarder
Freundschaft fördern	Iolith, Lapislazuli, Zirkon

Index der Symptome

Index der Symptome

Gefühlstiefe	Dioptas, Mondstein
Gefühlswelt	Opal (Edelopal)
Gehirn	Azurit, Diamant, Fluorit, Kupfer, Larimar, Malachit, Saphir, Sternachat, Sugilit, Turmalin
Gehirn, Harmonisierung	Bergkristall, Verdelith
Gehirn, Konzentration	Achat, Amethyst, Azurit, Dumortierit, Fluorit, Heliotrop, Purpurit, Sugilit, Saphir, Selenit, Tigerauge
Gehirn, Koordination	Diamant, Fluorit
Gehirn, Nervenzellen anregend	Amazonit, Amethyst, Gold, Saphir, Sternachat
Gehirn, stärkend	Amethyst, Amazonit, Bergkristall, Saphir
Gehirnerkrankungen	Amazonit
Gehirnhälften, stärkend	Ametrin, Bergkristall, Verdelith
Gehirntätigkeit anregen	Achat, Dioptas, Fluorit, Sternachat
Gehör allgemein	Bernstein, Jaspis, Onyx
Gehör stärkend	Blautopas, Hiddenit, Kupfer, Lapislazuli, Onyx, Zinnober
Gehör: Hörgeräusche	Onyx, Sardonyx
Gehör: Hörstörungen, -schäden	Onyx, Schörl, Sarder
Gehör: Hörsturz	Onyx
Gehörschwäche	Bernstein, Onyx, Saphir
Geistesabwesenheit	Astrophyllit
Geisteskraft	Saphir
Geisteskrankheiten	Fluorit, Indigolith, Perle
Geistige Belastungen	Amethyst, Azurit
Geistige Beweglichkeit fördern/ erhalten	Fuchsit
Geistige Blockaden auflösen	Azurit, Bergkristall, Fluorit, Malachit
Geistige Einkehr	Achat
Geistige Erschöpfung	Goldtopas, Karneol, Perle
Geistige Ideen verwirklichen	Dumortierit, Larimar
Geistige Störungen	Fluorit, Saphir
Geistige Verarbeitung	Amethyst
Geistiges Verarbeiten	Chalcedon, Chrysopras, Citrin, Mookait
Geiz mindern	Rubin
Gelassenheit	Ametrin, Astrophyllit, Aventurin, Cyanit, Flint-Feuerstein, Magnesit, Pietersit, Quarz, Schörl, Vesuvian
Gelbsucht (Hepatitis)	Diamant, Heliotrop, Jadeit, Koralle, Kupfer, Opal, Sardonyx, Topas
Gelenkbeschwerden	Apatit, Fluorit, Hiddenit, Kunzit, Rauchquarz

Index der Symptome

Index der Symptome

Gewebewachstum	Creedit
Gewebsdurchblutung	Rosenquarz
Gewebsstraffung	Apatit, Heliotrop, Morganit, Peridot, Rauchquarz
Gewichtsprobleme	Koralle, Howlith, Jaspis, Magnesit, Turmalin
Gewichtszunahme	Danburit
Gicht	Bernstein, Biotit, Chiastolith, Chrysopras, Diamant, Goldtopas, Labradorit, Peridot, Saphir, Smaragd, Sonnenstein, Variscit, Zirkon
Giftstoffe ausscheiden	Chalcedon, Chalkopyrit, Citrin, Jadeit, Magnesit, Prehnit, Variscit
Glaukom (Grüner Star)	Augenachat, Azurit, Bergkristall, Chalcedon, Diamant, Heliotrop, Prasem, Smaragd
Gleichgewicht, allgemein	Achat, Aragonit, Bergkristall, Dolomit, Diopsid, Morganit, Rutilquarz, Smaragd, Turmalin
Gleichgewicht, seelisches	Aventurin, Calcit, Malachit, Quarz, Rosenquarz, Smaragd
Gleichgewichtssinn	Howlith, Onyx
Gleichgewichtsstörungen	Bergkristall, Turmalin, Schneeflocken-Obsidian
Gliederschmerzen bei Erkältung	Aquamarin
Glücksgefühl	Achat, Aventurin, Chalcedon, Rubin
Grauer Star	Blautopas, Falkenauge, Kunzit, Prasem, Smaragd
Grenzen, geistige erweitern	Bergkristall, Quarz
Grippe	Andenopal, Jadeit, Jaspis, Moldavit, Perle, Smaragd, Rhyolith, Tektit, Verdelith
Groll	Moosachat
Größe, geistige	Andalusit, Bergkristall, Quarz
Gürtelrose	Aquamarin, Bernstein, Saphir, Turmalin
Gürtelrose, vorbeugend	Alunit
Gutmütigkeit	Chalcedon, Chrysokoll

H

Haar, fehlende Pigmentierung (Ergrauen)	Chrysokoll
Haar, für gesundes	Calcit, Chrysokoll, Lapislazuli
Haarausfall (Alopezie)	Achat, Amethyst, Lapislazuli, Saphir
Haarausfall, hormonell bedingter	Mondstein, Saphir
Haarflechten	Bernstein, Citrin
Haarprobleme allgemein	Achat, Aventurin, Calcit, Lapislazuli, Onyx
Habgier	Gold
Halbseitenkopfschmerz	Amethyst, Bernstein

Index der Symptome

Index der Symptome

Hautfarbe verbessern	Hämatit
Hautflecken (Leukoderma)	Aventurin, Indigolith, Sugilit
Hautkrankheiten	Aventurin, Bernstein, Chrysopras, Gagat, Jaspis, Lepidolith, Rhyolith, Schwefel, Turmalin, Zinnober
Hautkrebs	Amethyst, Smaragd
Hautpigmentierung verbessern	Chrysokoll
Hautprobleme, allgemein	Aventurin, Bergkristall, Karneol, Peridot
Hautreizungen	Dumortierit, Fluorit, Grossular, Howlith
Hautschichten, tiefere	Covellin
Hautunreinheiten, Akne	Amethyst, Aventurin, Bernstein, Peridot, Saphir
Hautverletzungen	Achat
Heilkräfte allgemein anregend	Alexandrit, Bergkristall, Larimar, Moldavit, Opalith, Prasem, Saphir, Sugilit
Heilsteine reinigen	Halit
Heilung von seelischen Wunden	Bergkristall, Diopsid, Rhodonit
Heilung von Wunden beschleunigen	Bernstein, Granat, Mookait, Obsidian, Rhodonit, Silber
Heilungswunsch verstärken	Dioptas
Heimweh	Rosenquarz
Heiserkeit	Aquamarin, Chalcedon, Chrysokoll, Cyanit, Lapislazuli, Sodalith
Heiserkeit	Aquamarin, Chalcedon, Chrysokoll, Lapislazuli, Sodalith
Hellsichtigkeit	Amethyst, Azurit, Bergkristall, Lapislazuli, Moldavit, Mondstein, Morganit, Obsidian, Smaragd, Sugilit, Tektit
Hemiplegie (Halbseitenlähmung)	Kunzit, Rubin
Hemiplegische (halbseitige) Migräne	Amethyst, Bernstein
Hemmungen abbauen	Chalcedon, Granat, Obsidian, Opal
Hepatitis	Diamant, Heliotrop, Jadeit, Koralle, Kupfer, Opal, Sardonyx, Topas
Herpes	Bernstein, Granat, Lapislazuli, Peridot, Turmalin
Herz allgemein	Amethyst, Aquamarin, Aventurin, Calcit, Chrysoberyll, Chrysopras, Dioptas, Granat, Jadeit, Rhodonit, Peridot, Pietersit, Rosenquarz, Smaragd, Turmalin, Vesuvian, Zirkon
Herzanfall, vorbeugend	Aquamarin, Aventurin, Rosenquarz, Magnesit
Herzasthma	Rosenquarz
Herzbeschwerden	Calcit, Chalcedon, Jadeit, Muskovit, Opal, Orthoklas, Smaragd

Index der Symptome

Herzbeutelentzündung (Perikarditis)	Saphir, Topas
Herzbrennen	Aquamarin, Smaragd
Herz-Chakra reinigen	Rhodonit
Herz-Chakra, Blockaden lösen	Kunzit, Turmalin
Herzinfarkt	Aventurin, Magnesit, Rosenquarz, Turmalin
Herzinnenhaut-/Herzklappen-, entszündung (Endocarditits)	Rubin, Saphir
Herzklopfen	Muskovit, Pietersit, Zirkon
Herzklopfen, krankhaftes	Aquamarin, Blautopas, Calcit, Lapislazuli, Sonnenstein
Herzkräftigung	Calcit, Chrysopras, Goldtopas, Kunzit, Pyrolusit, Rubin, Sonnenstein
Herzkrankheit allgemein	Aquamarin, Rubin, Zirkon
Herzkranzgefäßerkrankung	Aquamarin, Diamant, Kunzit
Herzmuskel	Goldtopas, Granat, Malachit
Herzneurose	Chalcedon, Opal, Muskovit
Herzrasen	Hämatit, Smaragd
Herzrhythmus ausgleichen	Amethyst, Calcit, Labradorit, Rosenquarz, Serpentin, Smaragd, Sonnenstein
Herzrhythmusstörungen	Heliotrop, Labradorit, Malachit, Rhodonit, Rosenquarz, Rubin
Herzschmerzen	Amazonit, Heliotrop, Peridot, Saphir
Herzschwäche	Malachit, Smaragd, Rubellit
Herzstärkung	Achat, Pyrolusit, Rosenquarz, Verdelith
Heuschnupfen	Aquamarin, Bernstein, Karneol, Rutilquarz, Zirkon
Hexenschuß (Lumbago)	Bergkristall, Bernstein, Magnetit, Saphir
Hinterkopf-Kopfschmerzen	Kunzit, Topas
Hirnanhangdrüse (Hypophyse)	Amethyst, Aquamarin, Bergkristall, Lazulith, Granat, Magnetit, Saphir, Serpentin, Topas
Hirnhautentzündung (Meningitis)	Achat, Diamant, Perle, Saphir, Sarder
Hirnrinde	Kupfer, Pyrit, Rubin, Verdelith
Hirntumor	Onyx, Schörl
Histaminkopfschmerzen	Amethyst, Bernstein, Turmalin
Hitze ableiten (z.B. Sonnenbrand, Fieber)	Silber
Hitzewallungen	Chalcedon, Chrysopras, Diamant, Schörl
Hitzschlag	Prasem
Hodenentzündung	Diamant, Perle, Saphir, Thulit, Zoisit
Hodenkrebs	Rhodochrosit, Schörl, Sugilit
Hodgkinsche Krankheit	Moosachat, Lapislazuli
Hoffnung erwecken, stärken	Dioptas, Gagat, Granat, Moosachat, Rutilquarz, Septarie

I

Index der Symptome

Ideale, unerreichbare	Covellin
Idealismus	Karneol, Lapislazuli, Sodalith
Idealismus, mangelnder	Lapislazuli
Identität wahren	Nephrit, Thulit
Identität, eigene stärken	Andalusit, Chiastolith, Gold, Thulit
Immunabwehr, unspezifische	Heliotrop
Immunsystem allgemein	Achat, Apatit, Aquamarin, Aragonit, Azurit-Malachit, Baumachat, Calcit, Chalcedon, Charoit, Cuprit, Fuchsit, Jaspis, Karneol, Kupfer, Lace-Achat, Marmor, Mookait, Moosachat, Moqui Marbles, Onyx, Peridot, Quarz, Rhyolith, Rubin, Schörl, Smaragd, Sodalith
Immunsystem stärken	Bernstein, Epidot, Karneol, Kupfer, Peridot, Rhyolith, Rubin, Smaragd, Sardonyx, Sternachat, Sodalith, Sugilit, Turmalin
Immunsystem, Schwäche des	Aquamarin, Amethyst, Bernstein, Cuprit, Karneol, Kunzit, Smaragd, Sugilit
Impotenz	Chrysopras, Feuerachat, Granat, Morganit
Impulsivität	Feueropal
Individualität	Aventurin, Granat
Infekt, beginnender	Erdbeerquarz, Heliotrop, Rhyolith
Infektanfälligkeit	Baumachat, Erdbeerquarz, Koralle
Infektion der Augen	Smaragd, Sodalith, Staurolith
Infektion der Lungen	Regenbogenfluorit, Staurolith
Infektion mit Streptokokken	Pyrolusit
Infektionen	Achat, Amethyst, Andenopal, Bergkristall, Chrysokoll, Chrysopras, Jaspis, Kunzit, Lace-Achat, Moosachat, Malachit, Peridot, Rauchquarz, Rhyolith, Rubin, Sardonyx, Staurolith, Tektit, Turmalin
Infektionsabwehr	Bernstein, Kunzit, Schörl, Smaragd, Türkis
Infektionskrankheiten	Prasem, Rubin, Staurolith, Tektit
Initiative ergreifen lernen	Rubellit, Perle
Innenohr	Hornblende, Onyx
Innere Anlagen verwirklichen	Chrysopras, Lapislazuli, Quarz
Innere Drüsen	Chalcedon
Innere Kämpfe auflösen	Turmalinquarz
Innere Konflikte	Pietersit, Septarie
Innere Sammlung	Achat, Baumachat, Granat, Jaspis, Mookait, Versteinertes Holz

Index der Symptome

Index der Symptome

Kraft steigern	Baumachat, Bronzit, Chalcedon, Coelestin, Granat, Hämatit, Magnetit, Marmor, Mookait, Opal, Quarz, Rubin, Tigereisen, Türkis, Variscit
Kraft, geistige	Selenit
Kraft, innerliche	Rauchquarz, Zirkon
Kräftezerfall (Marasmus)	Citrin, Rubin
Kräftigung allgemein	Baumachat, Feueropal, Magnetit, Rubin, Spinell, Wasserachat, Zinnober
Kraftlosigkeit	Baumachat
Krampfadern	Amethyst, Aquamarin, Bernstein, Hämatit, Heliotrop, Karneol, Opal, Saphir, Topas
Krämpfe	Amazonit, Bergkristall, Bronzit, Charoit, Chrysokoll, Dioptas, Dolomit, Dumortierit, Euklas, Koralle, Karneol, Kupfer, Lapislazuli, Magnesit, Magnetit, Malachit, Nephrit, Pyrit-Sonne, Rauchquarz, , Rubin Serpentin, Tigerauge, Topas, Türkis, Turmalin, Turmalinquarz, Zirkon
Krämpfe (Spasmen)	Hämatit, Magnesit, Rubin
Krämpfe im Magen	Citrin, Karneol, Pyrit-Sonne, Rutilquarz, Smaragd
Krämpfe in den Waden	Amethyst, Bernstein, Hämatit, Heliotrop, Kupfer, Magnetit
Krämpfe mit Zuckungen	Bergkristall, Diamant
Krankhaftes Herzklopfen	Aquamarin, Blautopas
Krankheit allgemein	Amethyst
Krankheit, lange	Pyrit
Krankheitsbilder klären	Schwefel
Krankheitsgewinn	Moldavit, Tektit
Krankheitsserien	Staurolith
Krankheitsursache erkennen	Bergkristall, Diamant, Lapislazuli, Markasit, Moldavit, Pyrit
Kreative Träume fördern	Charoit, Nephrit
Kreativität fördern	Alexandrit, Bernstein, Dioptas, Edelopal, Eisenkiesel, Fuchsit, Goldtopas, Granat, Jadeit, Marmor, Moosachat, Nephrit, Opal, Purpurit, Rauchquarz, Saphir, Thulit, Verdelith
Krebs	Bergkristall, Peridot
Krebs des Knochenmarks	Koralle, Heliotrop, Schörl, Sugilit
Krebs, Brust	Aquamarin, Chalcedon, Turmalin
Krebs, Haut	Amethyst, Smaragd
Krebs, Leber	Malachit, Schörl Sugilit, Rhodochrosit

Index der Symptome

Index der Symptome

Index der Symptome

Melancholie	Aventurin, Halit, Lapislazuli, Onyx, Peridot, Rubin, Saphir, Thulit
Meningitis (Hirnhautentzündung)	Achat, Diamant, Perle, Saphir, Sarder
Menopause	Diamant, Mondstein
Menorrhagie (überstarke Menses)	Jaspis, Perle
Menses, schmerzhafte	Cuprit, Jaspis, Karneol, Kupfer, Lapislazuli, Malachit, Saphir, Rosenquarz
Menses, verspätete	Hämatit, Zirkon
Mensesbeschwerden	Amazonit, Chrysopras, Chrysokoll, Hämatit, Jaspis, Koralle, Kupfer, Malachit, Mondstein, Pyrit, Pyrit-Sonne, Rosenquarz, Serpentin, Zirkon
Mensesstörungen	Chrysokoll, Hämatit, Malachit, Mondstein, Rubin
Mentale Fähigkeiten verstärken	Serpentin
Meridian: 3-Fach-Erwärmer	Purpurit
Meridiane	Bergkristall, Eisenkiesel, Iolith, Pop Rock, Quarz, Schörl
Merkfähigkeit verbessern	Karneol, Rhodochrosit
Migräne	Amethyst, Falkenauge, Jaspis, Magnesit, Saphir, Rhodochrosit, Silber, Tigerauge
Migräne halbseitig (hemiplegisch)	Amethyst, Bernstein
Milchdrüsen	Achat, Chalcedon, Malachit
Milchfieber	Perle, Smaragd
Milz	Bernstein, Citrin, Diamant, Goldtopas, Granat, Hämatit, Jadeit, Karneol, Malachit, Rubin, Schörl
Milzleiden	Azurit-Malachit, Zirkon
Milzstörungen	Karneol, Malachit
Minderung von Kälteempfindlichkeit	Baryt, Citrin, Labradorit
Minderwertigkeitsgefühle	Gold, Karneol, Lapislazuli, Rauchquarz, Turmalin
Minderwertigkeitskomplexe	Gold, Chrysopras
Mineralstoffaufnahme verbessern	Hornblende, Karneol
Mineralstoffhaushalt ausgleichen	Bornit, Diopsid
Mitgefühl	Falkenauge, Jadeit, Rhodochrosit
Mittelhirn	Amethyst
Mittelohrentzündung	Hornblende, Malachit, Rutilquarz, Saphir
Mondsüchtigkeit (Nachtwandeln)	Achat, Mondstein, Rosenquarz, Silber
Mongolismus	Kunzit
Morbus Crohn	Jaspis (auf alle Chakras)
Motorik verbessern	Apatit
MS (Multiple Sklerose)	Fluorit, Lapislazuli, Malachit, Rhodochrosit, Rhodonit, Rosenquarz, Schörl, Smaragd

Index der Symptome

	Lazulith, Malachit, Rauchquarz, Rosenquarz, Saphir, Silber, Sternachat, Sugilit, Thulit, Tigerauge, Turmalin, Versteinertes Holz, Variscit
Nerven, eingeklemmte	Hiddenit, Turmalin
Nerven, motorische	Onyx
Nerven, sensorische	Onyx, Turmalin
Nervenanspannung	Amethyst, Goldtopas, Kupfer, Rosenquarz, Thulit, Turmalin
Nervenentzündungen (Neuritis)	Aquamarin, Lapislazuli, Saphir
Nervenkrankheiten	Saphir
Nervenleiden	Hiddenit, Kunzit, Malachit, Tigerauge
Nervenschmerzen (neuralgisch)	Amethyst, Aquamarin, Citrin, Jadeit, Karneol, Magnesit, Magnetit, Lapislazuli, Saphir
Nervenschwäche	Goldtopas, Thulit
Nervensystem anregen	Jaspis, Sternachat, Thulit
Nervensystem ausgleichen	Amazonit, Aquamarin, Gold, Halit, Lapislazuli, Saphir
Nervensystem, Parasympathikus	Lapislazuli, Indigolith, Morganit, Sardonyx
Nervensystem, Sympathikus	Cyanit
Nervensystem, vegetatives	Ametrin, Halit, Sonnenstein
Nerventätigkeit	Achat, Aventurin, Sternachat
Nervenzusammenbruch	Goldtopas
Nervosität	Ametrin, Amethyst, Aragonit, Bergkristall, Beryll, Citrin, Falkenauge, Goldtopas, Heliotrop, Muskovit, Rauchquarz, Saphir, Tigerauge
Nesselsucht (Hautausschlag)	Aventurin, Bergkristall, Karneol, Lapislazuli
Netzhautablösung, drohende	Augenachat
Netzhautprobleme	Chrysokoll, Sodalith
Netzhautreizung	Achat, Augenachat
Neuralgie (Nervenentzündung)	Amethyst, Hiddenit, Jadeit, Kunzit, Lapislazuli, Lepidolith, Magnetit, Saphir
Neuralgische Schmerzen	Amethyst, Aquamarin, Citrin, Jadeit, Karneol, Magnesit, Magnetit, Lapislazuli, Saphir
Neuritis (Nervenentzündungen)	Aquamarin, Saphir, Lapislazuli
Neurodermitis	Chrysopras
Neurosen	Amethyst, Saphir
Niedergeschlagenheit	Gagat, Perlmutt
Nieren	Bergkristall, Grossular, Hämatit, Heliodor, Hornblende, Indigolith, Jadeit, Jaspis, Labradorit, Muskovit, Nephrit, Rauchquarz, Rhodochrosit, Serpentin, Zirkon

Index der Symptome

Index der Symptome

Regeneration, geistige	Epidot, Thulit, Turmalin, Smaragd
Regeneration, körperliche	Epidot, Thulit, Turmalin, Smaragd
Regeneration, seelische	Epidot, Thulit, Turmalin, Smaragd
Regulierung der Schilddrüse	Bergkristall, Chrysokoll, Kunzit, Magnetit
Reife, geistige	Achat
Reife, persönliche	Chrysokoll, Perle
Reinheit geistige	Diamant, Jadeit
Reinigung der Raumatmosphäre	Amethyst, Halit
Reinigung des Körpers	Chalkopyrit, Citrin, Herkimer-Diamant, Peridot
Reinigung von Heilsteinen	Halit
Reinigung von Zellen	Ametrin, Bornit
Reisekrankheit	Bergkristall, Chalcedon, Schneeflocken-Obsidian, Turmalin
Reizbarkeit, übersteigerte	Rosenquarz, Rhodonit, Saphir
Rekonvaleszenz	Epidot
Remittierendes Fieber	Karneol, Perle
Rheuma in den Weichteilen	Bernstein, Labradorit, Saphir, Smaragd
Rheumatismus	Azurit, Bernstein, Biotit, Chiastolith, Chrysokoll, Grossular, Karneol, Labradorit, Magnesit, Malachit, Peridot, Smaragd, Variscit
Romantik	Rosenquarz, Thulit
Römheld-Syndrom	Smaragd
Röntgenstrahlen abbauen	Bergkristall, Malachit, Schörl, Türkis
Rücken, Bandscheibenschmerzen	Bergkristall, Calcit, Magnetit, Sonnenstein
Rücken, Wirbelprobleme	Calcit, Hämatit, Magnesit, Türkis
Rückenbeschwerden	Rauchquarz
Rückenmark	Chrysokoll
Rückenschmerzen	Bergkristall, Hämatit, Magnetit, Smaragd
Rückenstärkung	Bergkristall, Hämatit, Heliodor, Smaragd
Rückerinnerung	Bergkristall
Rückfallfieber	Karneol, Perle
Rückführung erleichtern	Jadeit, Jaspis, Quarz
Ruhe	Aventurin, Charoit, Girasol, Hypersthen, Jadeit, Mookait, Morganit, Muskovit, Quarz, Smaragd
Ruhe fördern	Jadeit, Rhodonit
Ruhe, innere	Ametrin, Baumachat, Bronzit, Diopsid, Jaspis, Larimar, Pietersit, Tigerauge, Türkis
Ruhebedürfnis	Pietersit
Ruhelosigkeit	Amethyst, Goldtopas, Lapislazuli
Ruhr	Smaragd

Index der Symptome

Index der Symptome

Index der Symptome

Index der Symptome

Index der Symptome

Index der Symptome

Index der Symptome

Index der Symptome

Index der Symptome

W

Index der Symptome

Z

Index der Symptome

Zeitreisen	Serpentin
Zellen allgemein	Rutilquarz, Tigereisen, Turmalin
Zellen: abnormes Wachstum der	Azurit-Malachit, Covellin
Zellen: Atmung	Pyrolusit
Zellen: Bildung	Achat, Bergkristall, Bornit, Magnetit, Hämatit, Rubin
Zellen: Elastizität	Achat, Edelopal
Zellen: Erinnerung	Feuerachat, Edelopal
Zellen: Erneuerung	Achat, Bornit, Chrysoberyll, Granat, Prehnit, Rhodonit, Tektit
Zellen: Gedächtnis	Feuerachat
Zellen: Regeneration	Ametrin, Bornit, Rhodonit, Rutilquarz
Zellen: Reinigung	Ametrin
Zellen: Stoffwechsel	Bornit, Sardonyx
Zellen: Störung	Rhodochrosit, Sardonyx, Schörl
Zellen: Struktur	Bornit, Indigolith
Zellen: Teilung	Bergkristall, Creedit, Edelopal, Rubin
Zellen: Wachstum	Apatit, Turmalin
Zellulitis	Covellin
Zentralnervensystem	Aventurin
Zentrieren: Sammlung, innere	Achat, Baumachat, Granat, Jaspis, Mookait, Versteinertes Holz
Zerrissenheitsgefühl	Amazonit, Hornblende, Turmalinquarz
Zerrungen: Bänder, Muskel	Calcit, Hämatit, Rutilquarz
Ziele erreichen	Bernstein, Euklas, Hiddenit, Jaspis, Lepidolith, Saphir
Ziele finden	Dolomit, Smaragd
Ziele korrigieren	Rubellit
Ziele setzen	Jaspis, Saphir
Ziele verfolgen	Sodalith, Rubellit
Zielstrebigkeit	Apatit, Aquamarin, Beryll, Falkenauge
Zinkaufnahme verbessern	Lepidolith
Zirbeldrüse anregen	Bergkristall, Blautopas, Goldtopas, Lepidolith, Mondstein
Zirkulationsstörungen	Amethyst, Rubin, Turmalin
Zittern	Calcit, Falkenauge, Muskovit, Variscit
Zorn, Furcht, Wut	Amethyst, Chrysopras, Goldtopas, Peridot, Prasem, Silber
Zuckerkrankheit	Chalcedon, Citrin, Diamant, Pyrit-Sonne, Sodalith, Smaragd

Analysebogen

Analysebogen zur Auswertung von Heilsteinen

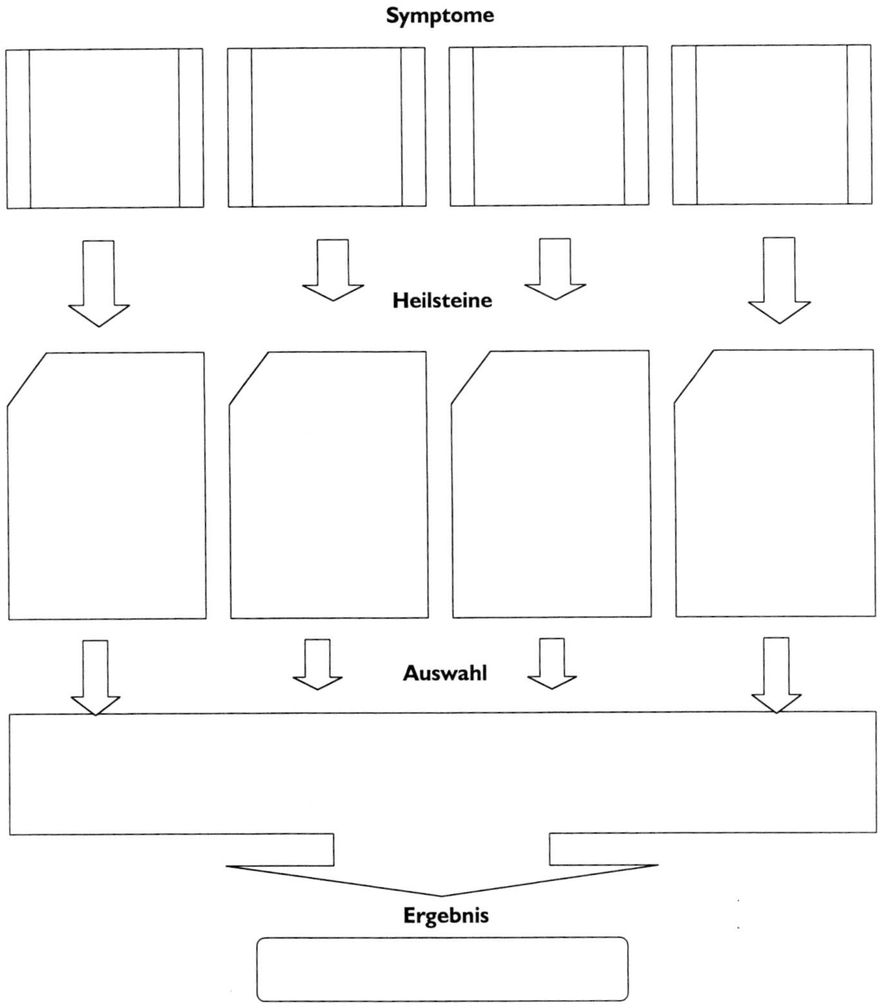

Name: ______________________ *Bemerkungen:* ______________________

____

Quellenverzeichnis

Bingen, Hildegard von: Edelsteintherapie.
Bode, Rainer, Mineralien, Edelsteine und Kristalle. Stuttgart, 1992
Duda/Rejl/Slivka: Mineralien, Handbuch für Führer und Sammler. Prag, 1991
Gienger, Michael: Lexikon der Heilsteine. Fulda, 1997
Gienger, Michael: Die Steinheilkunde. Saarbrücken, 1995
Gierth, Dr. Eike/Graubner, Rudolf/Harder, Prof. Dr. Hermann: Lexikon für Mineralien- und Gesteinsfreunde. Frankfurt, 1977
Hofmann, Helmut: Edelsteintherapie. Freiburg, 1995,
Jakober, Mag. Herbert/Wurzer, Mag. Walter: Das große Buch der Mineralien und Edelsteine. Klagenfurt, 1996
Jubelt, Dr. Rudolf: Mineralien. Stuttgart, 1978
Meadows, Kenneth: Die Weisheit der Naturvölker. Bern, 1989
Melody: Das Handbuch der Edelsteine und Kristalle. München 1998
Murawski, Hans: Geologisches Wörterbuch. Stuttgart, 1983
Schaufelberger-Landherr, Edith: Die Kraft der Steine. Hünenberg, 1992
Schumann, Prof. Dr. Walter: Edelsteine und Schmucksteine. München, 1999
Siebenthal, Eliette von: Hilf Dir selbst mit einem Stein. Bern, 1989

Iris Rinkenbach & Bran O. Hodapp

Magischer Gegenzauber

Ein Lehr- und Arbeitsbuch zum Schutz vor dem Bösen

ca. 300 S., s/w-illustriert, Paperback

€ 15,30 (DM 29,92/öS 218,–*) sFr 27,20

ISBN 3-89767-069-0

- *Einführung* in das magische Weltbild
- *Hintergründe*: Gut und Böse, Exorzismus, Schwarze Magie/Weiße Magie, Magische Orden und Geheimbünde
- *Übungen*: Schutzmaßnahmen, Erste Hilfe, Spirituelle Alchemie

Igor Warneck

Ruf der Runen

232 S., s/w-illustriert, Paperback

€ 12,70 (DM 24,84/öS 182,–*) sFr 22,80

ISBN 3-89767-086-0

In diesem Buch werden die Geheimnisse der Runen enthüllt, jener uralten Symbole zur Ergründung der Welt. Ihre Energie, mit reinen Zielen angewandt, vermag positive Kräfte in unserem Alltag zu mobilisieren und uns den Zugang zur Welt hinter unserer Wirklichkeit zu öffnen. Anleitungen zur Herstellung von Runensteinen, die Beschreibung des Runentanzes sowie eine kleine Götter- und Festtagskunde runden das Werk ab.

Heike Owusu

VooDoo-Rituale

304 S., s/w-illustriert, Paperback

€ 15,30 (DM 29,92/öS 218,–*) sFr 27,20

ISBN 3-930944-99-5

Voodoo ist Magie. Hier finden Sie notwendiges Hintergrundwissen und Hinweise zur praktischen Arbeit sowie Anleitungen zum Schutz vor spirituellen Angriffen.

Marielu Lörler

Hüter des alten Wissens

Schamanisches Heilen im Medizinrad

352 S., s/w-illustr., Paperback

€ 15,30 (DM 29,92/öS 218,–*) sFr 27,20

ISBN 3-89767-072-0

Schamanismus erläutert im Rahmen von Aufbau und Verwendung des Medizinrads

*unverbindl. Preisempfehlg.

Christine M. Bradler
Joachim Alfred P. Scheiner
Feng Shui Symbole des Westens
192 S., s/w-illustriert, Paperback
€ 10,50 [D]/DM 20,53/öS 151,–*/sFr 19,–
ISBN 3-930944-90-1
Wegweiser und Entscheidungshilfe zur Verwendung von über 60 „modernen“ Feng Shui-Hilfsmitteln wie Delphin, DNS-Spirale, Edelsteine, Einhorn, Engel, Füllhorn, Kerze, Klangspiel, Mobile, Räucherwerk, Regenbogen u.v.m.

Felicitas H. Nelson
Symbolsprache der Talismane & Amulette
272 S., s/w-illustriert, Paperback
€ 15,30[D]/DM 29,92/öS 220,–*/sFr 27,50
ISBN 3-930944-42-1
Ein Führer durch unsere an Glücksbringern und Schutzamuletten reiche Welt mit Beschreibungen von über
200 Symbolen

Meister Hsing Yun
Wahrhaftig Leben
Buddhistische Ethik im Alltag
250 S., Hardcover
€ 16,40 [D]/DM 32,08/öS 234,–*/sFr 29,20
ISBN 3-930944-98-7
Eine in Themen gegliederte Einführung in die buddhistische Lebensweise in eingängiger Sprache und mit Beispielen aus dem Alltag

„Wer diesen Lehren folgt, wird so strahlend wie die Sonne und der Mond und kann alle Dunkelheit überwinden.“
aus dem LOTUS SUTR

Dion Fortune
Das karmische Band
Spiritualität in Liebe und Partnerschaft
150 S., Paperback
€ 10,50 [D]/DM 20,53/öS 151,–*/sFr 19,–
ISBN 3-89767-082-8

Obwohl Anfang des letzten Jahrhunderts verfaßt, finden sich hier immer noch aktuelle Schätze an bleibenden Wahrheiten, die den Weg zur erfüllten Partnerschaft weisen.

*unverbindl. Preisempfehlg.